時間をかける贅沢旅行

寝台列車の旅

『サライ』編集部 編

小学館

時間をかける贅沢旅行

寝台列車の旅【目次】

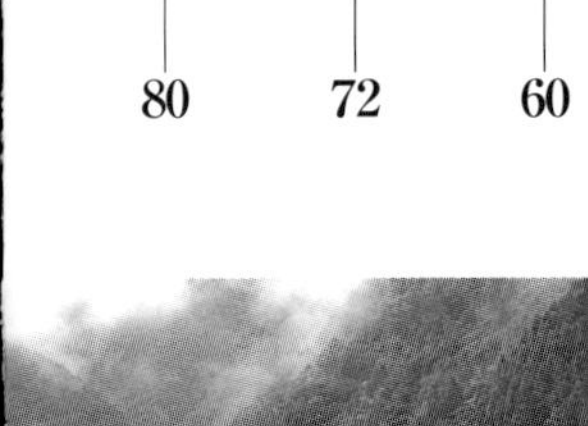
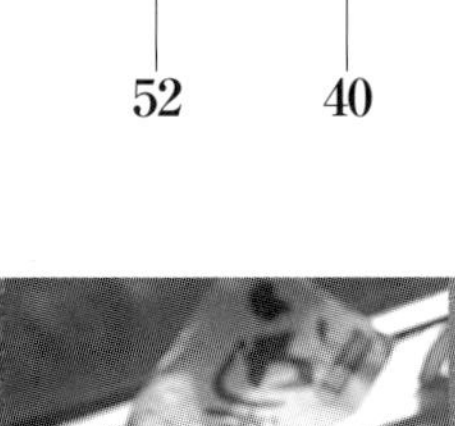
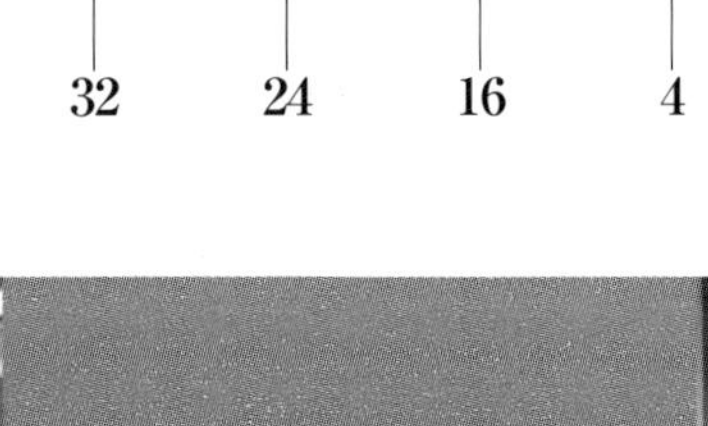
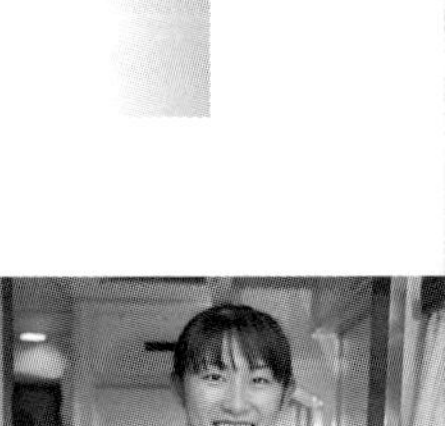

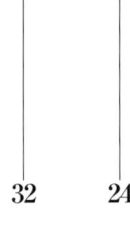

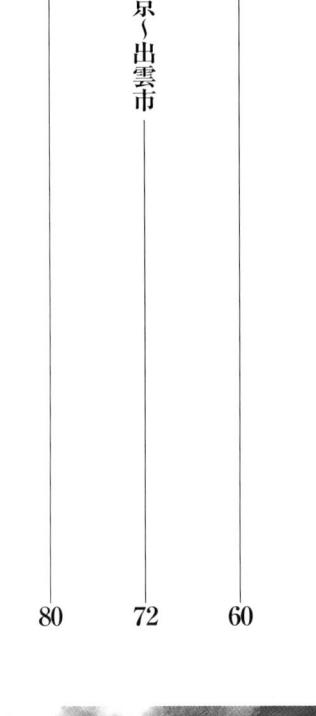

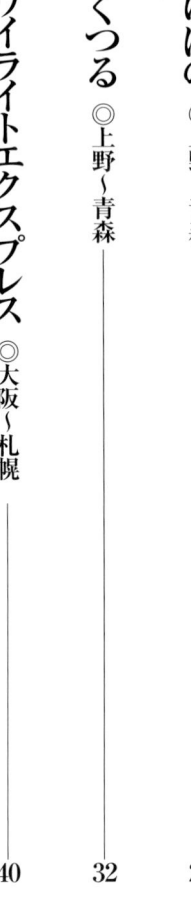

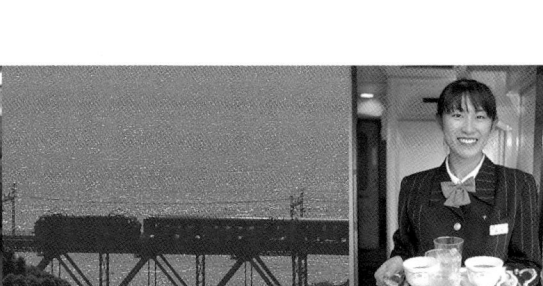

コラム

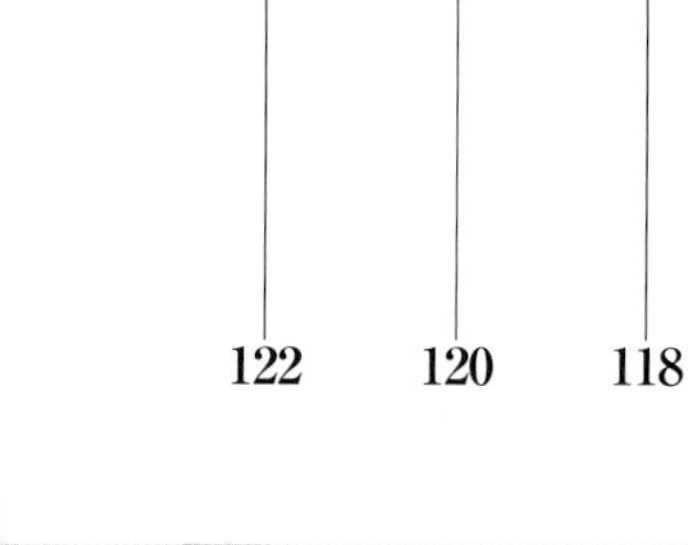
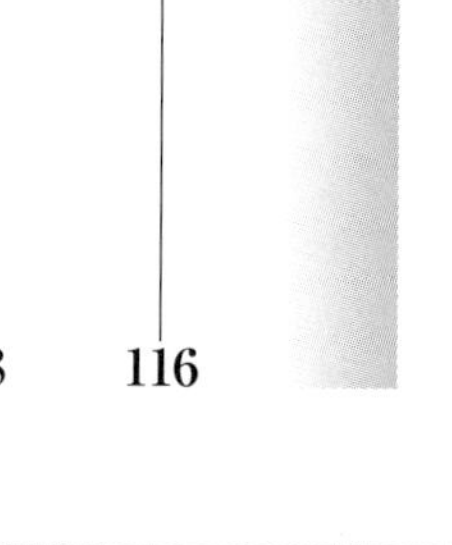
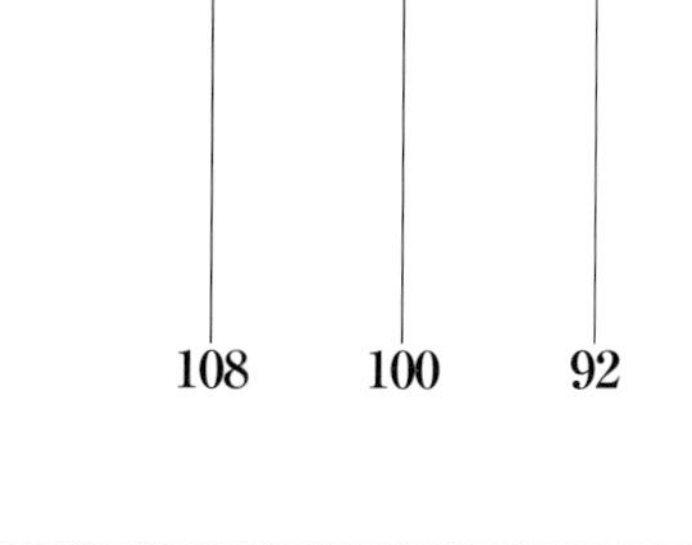
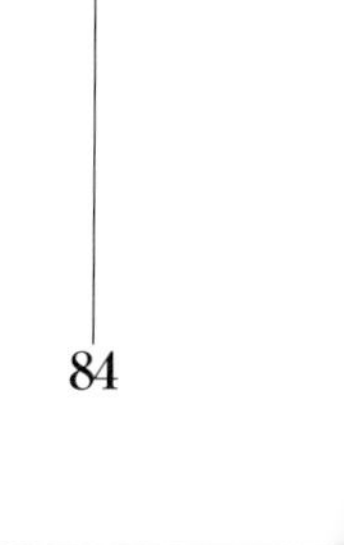

カシオペア

●上野～札幌

16時間35分の「動くホテル」
至福の時を約束する豪華列車

⬆優雅な雰囲気の中でフランス料理を賞味。前菜に始まりデザートに終わるフルコースはいずれも一流シェフ自慢の逸品だ。

華やいだ雰囲気の中を発車

平成11年7月から、上野と札幌を結んで豪華寝台特急「カシオペア」が運行を開始した。

JR東日本が「北斗星」(16ページ参照)以来11年ぶりに投入した豪華列車とあって早々に話題を呼び、たちまち満席状態が続く、人気列車第1位の座に躍り出た。

優雅で旅情豊かな旅を約束してくれるこの列車に、ぜひ一度は乗ってみたい。

この「カシオペア」は、上野駅の行き止まり式地平ホームの一番左手にある13番線を発着する。「北斗星」との共用ホームだが、「カシオペア」の登場に合わせてその名も「五ツ星広場」という待合室が新設された。その待合室の壁面には「カシオペア」の車両と同じ配色が施されていて旅情をそそる。

下り札幌行きは、発車15分ほど前にゆっくりと入線する。ひととき、ぱっと明るく、華やいだ雰囲気が漂う。

16時20分、おごそかに発車。16時間35分の旅が始まる。

車窓には、変哲もない大都会のビルの連なりが流れるが、すばらしい車内から眺めるせいか、そんな景観でも美しいと感じてしまう。

そして、日没が迫る頃、「カシオペア」はひたすら東北路を北上する。車窓を彩るのは、田園であり、日光や那須の山々である。夕日に染まる景観が、いかにも優しくてまぶしい。

ほどなく、「カシオペア」のもうひとつの楽しみが始まる。※ディナータイムに入るのである。

ダイニングカーの、柔らかな明かりの中で味わう夕食の味はまた格別。フルコースのフランス料理、吟味された懐石料理とも、すこぶるつきのおいしさだ。ワインの銘柄もよく選別されている。

至福のひとときがゆったりと流れ去る。

➡4人用と2人用のテーブルがある。ディナーは事前予約が必要。値段はフランス料理が7800円、懐石御膳が5500円。

※ディナーは3回に分けて、17時15分からと18時30分からと20時10分から供される。指定券を予約する際に料理の種類とともに時間を指定する。

⬆室蘭本線小幌《こぼろ》〜礼文《れぶん》間を行く。※北海道で牽引《けんいん》を受け持つのは2両のディーゼル機関車だ。豪華な列車から眺める景観は格別。

⬅「カシオペア」の中で一番部屋数の多い2人用個室。1階と2階に分かれている。2階の窓はゆるやかな曲線を描いている。

※「カシオペア」は上野〜青森間、青森〜函館間、函館〜札幌間と3回機関車が交替する。青森ではそれまでの最後尾につき、向きを変えて発車する。そして、函館でまた向きが変わる。

⬆和食の懐石御膳も一品一品が素材を厳選されたものばかり。料亭並みの味覚が味わえる。

⬆先端部の１両がまるまるこのラウンジカーになっている。２階にあるので見晴らしがいい。ソファと回転椅子に分かれて配置されており、グリーンとパープルを基調にした配色が美しい。

⬆函館からは向きが変わるためラウンジカーの前にディーゼル機関車が付く。北海道の雄大な景観が少し遮断されるのが残念。

➡完全に新しい発想に基づいて新製された車両だけに、なにもかもが斬新。優美な曲線が豪華さを演出する。1号車は展望室タイプの個室。

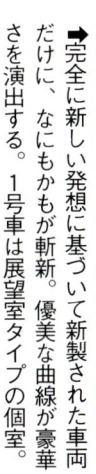

雄大な北海道の景観を堪能

快適なベッドで夢をむさぼる頃、本州北端の青森で一息ついた列車は、未明に青函海底トンネルを抜ける。と、そこはもう北辺の大地である。

早朝、津軽海峡に沿う海岸線を走る。函館湾にかかり、函館山がぐんぐん迫ってくる。そして、函館到着。

函館を発車すると、ほどなく端麗な容姿で知られる駒ヶ岳の麓《ふもと》にさしかかる。小沼《こぬま》が、次いで大沼が姿を現す。列車はすぐその水際を走る。湖面に駒ヶ岳の雄姿を映して、その眺めは文字どおり絵のように美しい。

内浦《うちうら》湾に出た列車は、湾を巻くようにして快走する。どこまでも穏やかな内海に別れを告げると、東室蘭からは雄大な太平洋に出る。飽かず眺めるうちに、苫小牧《とまこまい》で海を捨てた列車は、一転して今度は内陸に入り、勇払《ゆうふつ》原野を一直線にひた走る。原野が尽きて、左手に新千歳空港が視界に入ると、終着札幌はもう近い。

⬆車内ではオリジナルの記念グッズも販売される。北海道に入ると、ＪＲ北海道の車掌がオレンジカードを売りにくる。

➡先端の1号車は「カシオペアスイート」※と呼ばれる2人用個室。そのまた先端は眺望が抜群によく、豪華ホテル並みの雰囲気を味わうことができる。

※「カシオペアスイート」の中で車両の先端の展望室タイプは１室しかないが、もうひとつのタイプと料金は変わらない。

⬆車窓に宵闇が迫る頃、2階に設けられたダイニングカーには待ちに待ったディナータイムが訪れる。

●「カシオペア」は車両が少ないので2日に1回しか運行されない。みどりの窓口や旅行会社の窓口、時刻表などで確認しておきたい。

➡カシオペアスイート(展望室タイプ)の窓近くにはリビングがある。曲面を生かした3面ガラスの窓は視界が広く、ここからの眺望は抜群。ゆったりしたベッドの寝心地も上々。ウェルカムドリンクもつく。1室のみなので予約は困難。寝台料金/1室5万980円。

豪華ずくめの設備が自慢の列車

「カシオペア」という愛称は、この星座が「W（ダブリュー）」の形をしていることにちなむという。２階建て（ダブルデッカー）車であることと、全室がふたり（ダブル）用個室であることを象徴させたものだ。

すべてが豪華なA寝台※というのは、日本では初めてのことである。

⬅カシオペアツイン：ソファとベッドが兼用のタイプ（写真はソファの状態）。一番多いのがこのタイプだ。２階室と１階室がある。折り畳みのテーブルをふたつ設置し、機能性と快適性を両立。寝台料金／１室2万6700円。

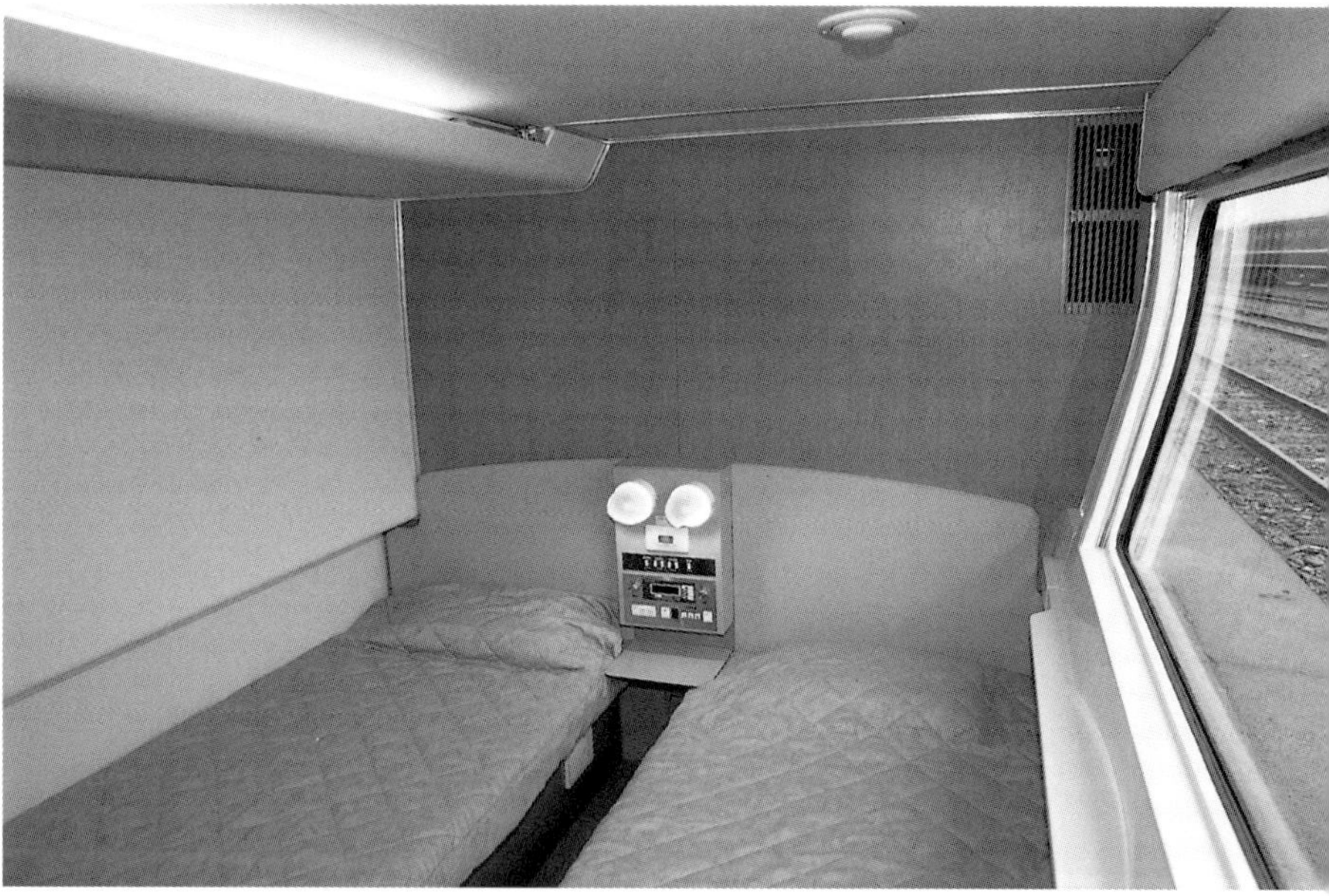

➡カシオペアスイート（メゾネットタイプ）は１・２号車にのみある。１階がベッドがふたつ設置された寝室になっている。足元に補助灯もつけられた階段を上がると、２階には見通しのよいリビングがある。寝台料金／１室５万９８０円。

※寝台列車の編成については118ページをご覧ください。また、「カシオペア」以外の寝台料金は、「ＪＲ時刻表」に基づき、ひとり分表示にしてあります。

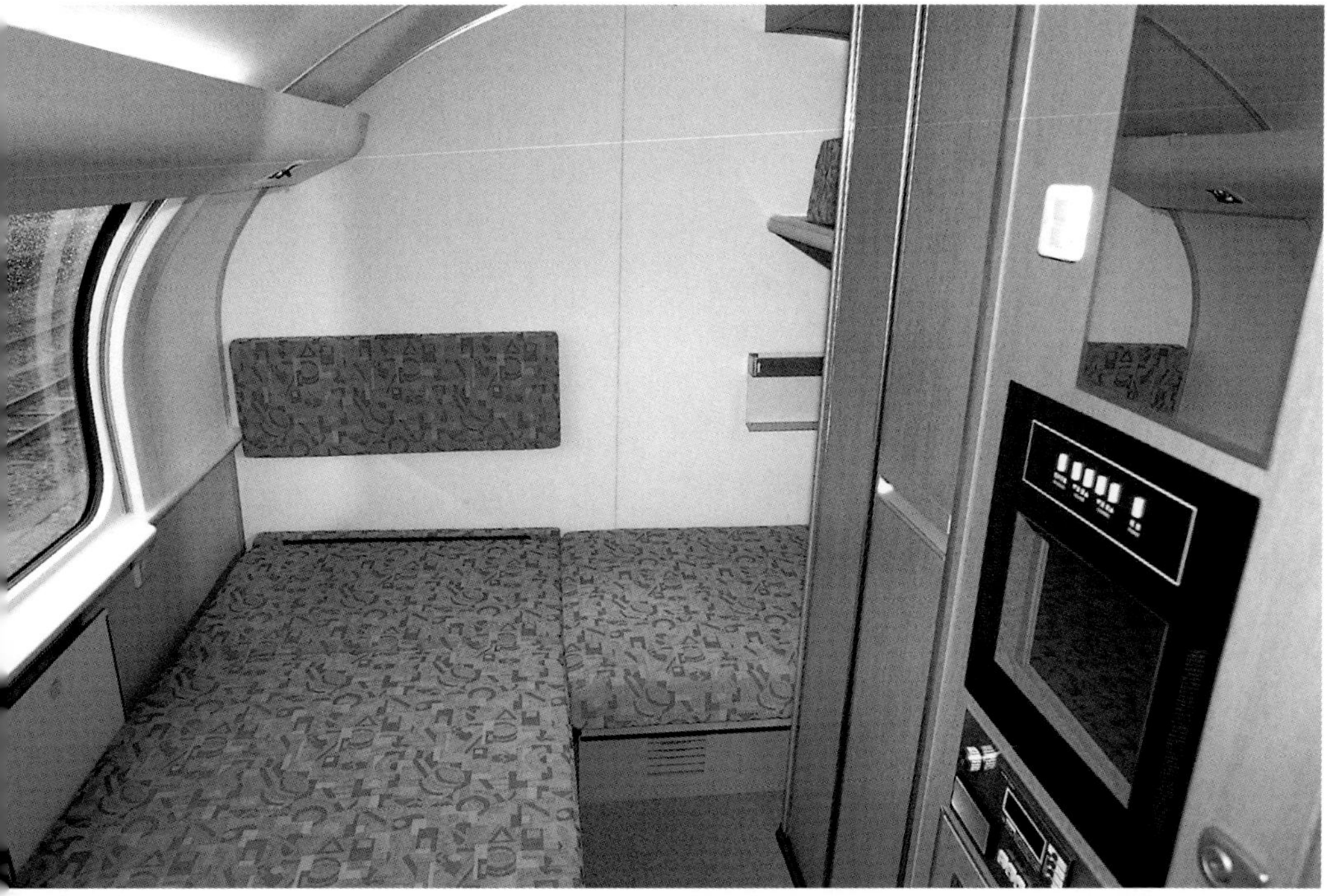

⬆カシオペアツイン。突き当たり右手に入口があり、右手前には洗面台とトイレが設置されている。前後に向かい合う座席を伸ばすとベッドに早変わり。

●「カシオペア」運行データ

運行本数	2日毎に1往復（運転日注意）	
運行区間	上野〜札幌	
運行距離	1211.5㎞	
所要時間	（下り）16時間35分	
	（上り）16時間59分	
乗車料金	運　　賃	1万4070円
	特急料金	3150円
	寝台料金	2万6700円・3万4360円・5万980円

（寝台料金、特急料金はすべて2名様使用の場合。1人で使用する場合も同一料金が適用される）

●「カシオペア」は全室が2人用の個室になっている。1人で利用する場合も2人分の料金が適用されるので気をつけたい。

北斗星

●上野〜札幌

本州と北海道を結び、日本の寝台列車のイメージを変えた

⬆外から見たダイニングカー。テーブルの上にしつらえられたランプが優雅な夜を演出する。こういう雰囲気の中で味わう夕食なら会話もはずもう。

元祖・豪華列車の貫禄

昭和63年3月13日、青函海底トンネルが開業した。本州と北海道が1本のレールで結ばれた画期的な日であった。そして、この日、もうひとつ大きな話題を作ったのが、寝台列車「北斗星」が上野と札幌を結んで運行を開始したことだった。

「北斗星」がなにより話題を呼んだのは、それまでの寝台列車のイメージから脱脚して、外観も内装も優雅な雰囲気をたたえた豪華列車としてデビューしたからである。料理も本格メニューから選ぶことができ、味にこだわる乗客に喜ばれた。そこには移動の手段というだけでなく、列車もまた旅の目的のひとつであるという姿勢が打ち出されていた。

デビューと同時に人気が沸騰したことは、今も記憶に新しい。

同じルートを走る「カシオペア」が登場したことで、いくぶん影が薄くなった感はあるが、その人気にはいささかの衰えも見られない。1日3往復が2往復に減ったせいもあるが、切符の入手がなかなか困難だという状態は今も続いている。このことが、はからずも「北斗星」がすばらしい列車であることを示している。

ただ、困難とはいえ、旅行会社による簡便なパッケージ・ツアーも多く組まれており、こちらは比較的容易に手に入れることができる。快適さといい、味覚といい、乗ってみるだけの価値は充分に持ち合わせた列車のひとつである。

⬇函館本線、次いで室蘭本線をひた走る。走るにつれて雄大な北辺の景観が車窓を彩るようになる。豪華列車から眺めやる景観は一際美しい。

●「カシオペア」同様、「北斗星」もまた上野〜青森間、青森〜函館間、函館〜札幌間と3回向きが変わる。

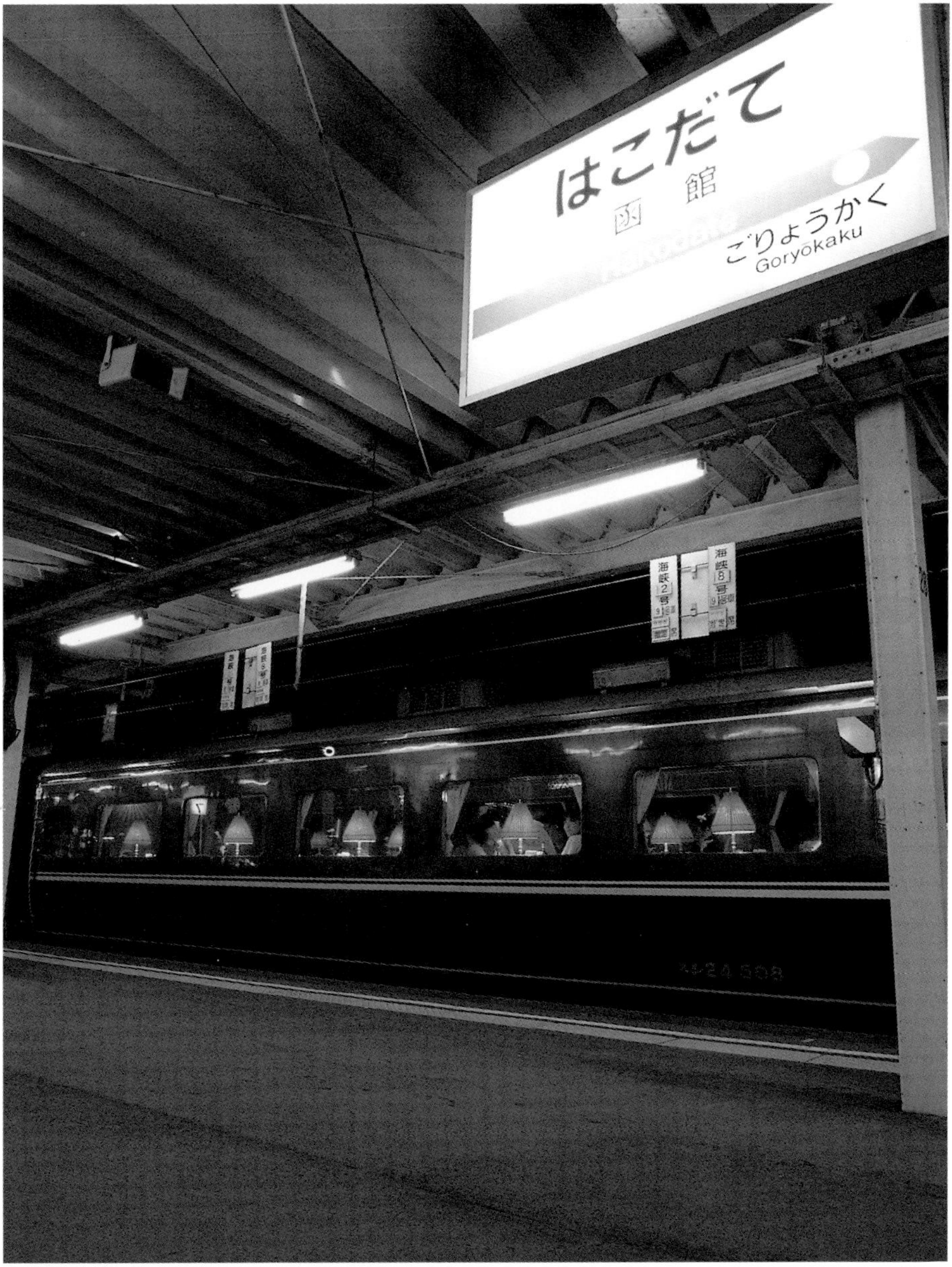

⬆季節にもよるが「北斗星１号」が函館に着くころはまだ外は暗い。
ほとんどの乗客はまだまどろみの中にあることだろう。

⬆➡ディナーには小樽で造られる「北斗星」ブランドのワインも用意されている。料理に合わせて赤・白・ロゼから選べる。

⬅室蘭本線小幌《こぼろ》～礼文《れぶん》間を快走する「北斗星」。長万部《おしゃまんべ》を過ぎると列車は噴火湾に沿って海岸を走るが左手には時折山が迫る。

●「北斗星」にはシャワールームが設置されている。A寝台の客は無料、B寝台の客は310円で利用できる。また、「北斗星」3号・4号にはロビーカーが連結される。

⬆車両は従来のものが使われたが、外観も内装も面影をとどめないほどに豪華に改造された。洗練された欧風デザインが旅情を高める。

⬆※室蘭本線の車窓には牧場が多い。有珠山《うすざん》、樽前山《たるまえさん》などの名山が彩りを添える。

●「北斗星」運行データ

運行本数	1日2往復（ほかに臨時列車あり）
運行区間	上野〜札幌
運行距離	1211.5km
所要時間	（下り）16時間00分 （上り）16時間27分 （発車時間により多少差あり）
乗車料金	運　賃　1万4070円 特急料金　3150円 寝台料金　6300円・1万7180円 （ほかに2人用個室1室1万2600円・2万6700円もある）

※室蘭本線に入ると、洞爺湖《とうやこ》、洞爺湖温泉、昭和新山、登別温泉などの観光地が続く。列車は洞爺駅、登別駅にも停車する。

あけぼの

●上野～青森

羽越本線に入り朝を迎える。車窓には眩《まぶ》しく輝く日本海が…

⬆「あけぼの」のA寝台個室シングルデラックス。補助ベッドを使用し、ふたりで利用することもできる。その場合は寝台料金1万3350円に加え9540円が必要。洗面台や小テーブルがあり快適だ。

⬅上野駅から弘前駅まで、所要時間11時間43分。下車駅弘前も近づいた白沢《しらさわ》～陣場《じんば》間の松原トンネルを抜けると、深い谷の底はまだ、朝霧に覆われている。

朝、目覚めの車窓には鳥海山

上野駅を出発した「あけぼの」は、東北本線を経て高崎線に入る。高崎駅からは上越線に進み、越後湯沢、鶴岡、酒田、秋田を通って終点青森駅を目指す。そもそも「あけぼの」は、日本海沿岸の町へ向かう乗客の利便が図られ、誕生した列車なのだ。

翌朝は5時21分、羽越本線の山形県・遊佐《ゆざ》駅に停車する頃には目を覚ましたい。右側の車窓に鳥海山《ちょうかいさん》（2236m）が姿を見せるはずだ。遊佐付近から眺めると緑の稲穂の向こうに、ふたつのピークを持つ峰が、なだらかな裾野を広げている。

左側の車窓に目を転ずれば、間もなく白波寄せる浜が見えてくる。鳥海山と日本海が左右の車窓に見られる、吹浦《ふくら》から象潟《きさかた》付近にかけての眺めが、車窓風景の白眉《はくび》といえるかも知れない。

食堂車は連結されていないが、秋田駅から車内販売員が乗り込み、朝食用の駅弁やお茶が販売される。左手車窓前方に岩木山《いわきさん》が見えてきたら、弘前駅は間もなくである。

⬅上野駅15番線ホームからは、「あけぼの」「はくつる」「北陸」と、3本の寝台列車が出発する。列車はシンボルマークを輝かせ、バック運転で入線してくる。

⬆弘前市内から望む岩木山。津軽平野に広大な裾野を広げるこの山は、津軽の象徴として人々に愛されている。

➡弘前駅から岩木山に向かう道路の両側には、リンゴ畑が続いている。弘前市は、日本屈指のリンゴの大生産地。

⬆桂《かつら》の古木の根元から湧《わ》き出す、堂《どう》ヶ平《がたい》桂《かつら》清水《しみず》。弘南鉄道大鰐《おおわに》線の津軽大沢駅下車。4km、徒歩約1時間。

⬅後ろに見えるのが岩木山。リフトの終点から岩木山山頂まで徒歩約30分。9合目から上に売店はないので、飲料水などはリフトに乗る前に確保しておきたい。

雲上の散歩を楽しむ

旅の目的地として、弘前市の西に聳《そび》える独立峰、岩木山（1625m）の頂上を目指してみる。駅から眺めると遠く感じられるが、バスとリフトを利用すれば、山頂付近まで簡単に行くことができるからだ。

実際に歩くのは、9合目から上の往復約1時間のみ。手頃なハイキング・コースといってよいだろう。

弘前駅からバスを乗り継ぎ、カーブの連続する津軽岩木スカイラインを登る。バスの終点地から9合目までは、リフトが運行している。

そしていよいよ、ハイキングの開始である。急な上り坂、下り坂が交互にやってくる。準備体操は欠かさないようにしたい（詳しくは、122ページ参照）。また、登山道には石が多いので注意が必要だ。

津軽平野と白波の立つ日本海を足下に眺めながら、雲上の散歩道を行く。晴れた日、山頂に立てば、津軽半島や遠く北海道の大地までも望見することができるだろう。

⬆明治時代創業の『石場旅館』。黒光りする木の柱や床に、心が和《なご》む。1泊2食付き7000円〜。☎0172・32・9118

⬆石場旅館は弘前城にほど近い元寺町にある。落ち着いた雰囲気の部屋で、郷土料理を楽しむことができる。

⬅弘前駅前から弘南バス枯木平《かれきたい》線に乗り、嶽《だけ》温泉でシャトルバスに乗り換える。8合目駐車場まで約1時間30分。リフト約10分で9合目。津軽岩木スカイラインは4月上旬〜10月下旬通行可。岩木スカイライン☎0172・83・2314

●上野駅、中2階コンコースのミニ・コンビニエンス・ストアは、23時まで営業している。駅弁は売り切れることもあるので、事前に用意したい。

⬆弘前には歴史のある西洋館が多い。『旧東奥《とうおう》義塾《ぎじゅく》外人教師館』☎0172-37-5505　㊡9時～16時30分　㊡年末年始　㊫320円

⬆香り高い胡麻だれが人気の「うちわ餅」。青森県産の糯米《もちごめ》を使い、毎朝、臼《うす》と杵《きね》で餅をつく。１本80円。『戸田うちわ餅店』青森県弘前市銅屋町21番地　☎0172・32・7698

●「あけぼの」運行データ

運行本数	1日1往復
運行区間	上野～青森（上越線・羽越本線・奥羽本線経由）
運行距離	776.2km
所要時間	（下り）12時間28分
	（上り）12時間53分
乗車料金	運　賃　1万190円
	特急料金　3150円
	寝台料金　6300円・1万3350円
	（1号車のみ女性専用のレディースカー）

●タクシー／三ツ矢交通☎0172・32・2281、弘前タクシー☎0172・32・5151
●路線バス／弘前バスターミナル☎0172・36・5061

⬆上野駅から盛岡駅まで、所要時間７時間７分。A個室のベッドは、座り心地の良いシートにもなる。食堂車、車内販売はない。

はくつる

●上野～青森

夜から朝へ刻々と色が変わる山河や町を、
寝台の上で、寛《くつろ》いで楽しむ

⬅『遠野ふるさと村』で公開されている曲《まが》り家《や》。古い民家は、竈《かまど》に火が焚かれ、昔のままの生活のにおいが漂っている。

日の出前の影の風景を楽しむ

寝台列車の旅の楽しみのひとつに、車窓に広がる薄暮黎明《はくぼれいめい》の風景がある。日暮れから夜へ、また夜から朝へ、刻々と色を変えていく山河や町のたたずまいを、寝台の上で、寛《くつろ》いで楽しむ。鉄道旅行の醍醐味《だいごみ》ともいえるひとときである。

上野駅から24ページの「あけぼの」が出発した約40分後、東北本線経由の青森行き寝台列車「はくつる」が、同じ15番ホームに入線する。発車時刻は22時23分。この時間の出発では、車窓に薄暮の景色は望むべくもないが、早起きして夜明けの風景を眺めるという楽しみ方はある。

微《かす》かな衝撃とともに動き出した「はくつる」は、車窓にネオンを映しながら速度を上げていく。やがて左手に埼玉新都心の高層ビルを見て、大宮駅に停車。そこから先は大きく右にカーブを描いて、東北本線を北上する。

心残りではあるが、夜景を眺めるのは早々に切り上げ、眠りに就きたい。翌朝、日の出前に目覚めれば、薄明の中に、森と家々の影が織りなす早暁《そうぎょう》の風景を楽しむことができるだろう。

遠野《とおの》を訪ねるための下車駅は盛岡である。途中下車なので、乗り越すことのないよう注意したい。

➡『とおの昔話村』の「柳翁《りゅうおう》宿《じゅく》」。かつて民俗学者の柳田国男や折口信夫《おりぐちしのぶ》が宿泊した、遠野を代表する旅館、旧高《たか》善《ぜん》旅館を移築したもの。

⬆武蔵坊弁慶が積み上げた石とも、古代人の墓ともいわれる続石《つづきいし》。国道から山道を10分ほど登った、林の中にある。遠野駅から約10km。

⬆カッパが棲《す》み着き、人々を驚かせたという伝説のあるカッパ淵。近くの常堅寺《じょうけんじ》の狛犬《こまいぬ》は頭に皿があり、カッパ狛犬と呼ばれている。

⬆曲《まが》り家《や》を移築し、昔の農村の姿を再現した『遠野ふるさと村』。村の中では、実際に農作業をしている人々の姿を見ることができる。

⬆『伝承園』御蚕神堂《おしらどう》の1000体の〝オシラサマ〟。オシラサマとは、旧家などに祀《まつ》られている屋内神。頭部には馬や娘などの顔が彫られている。

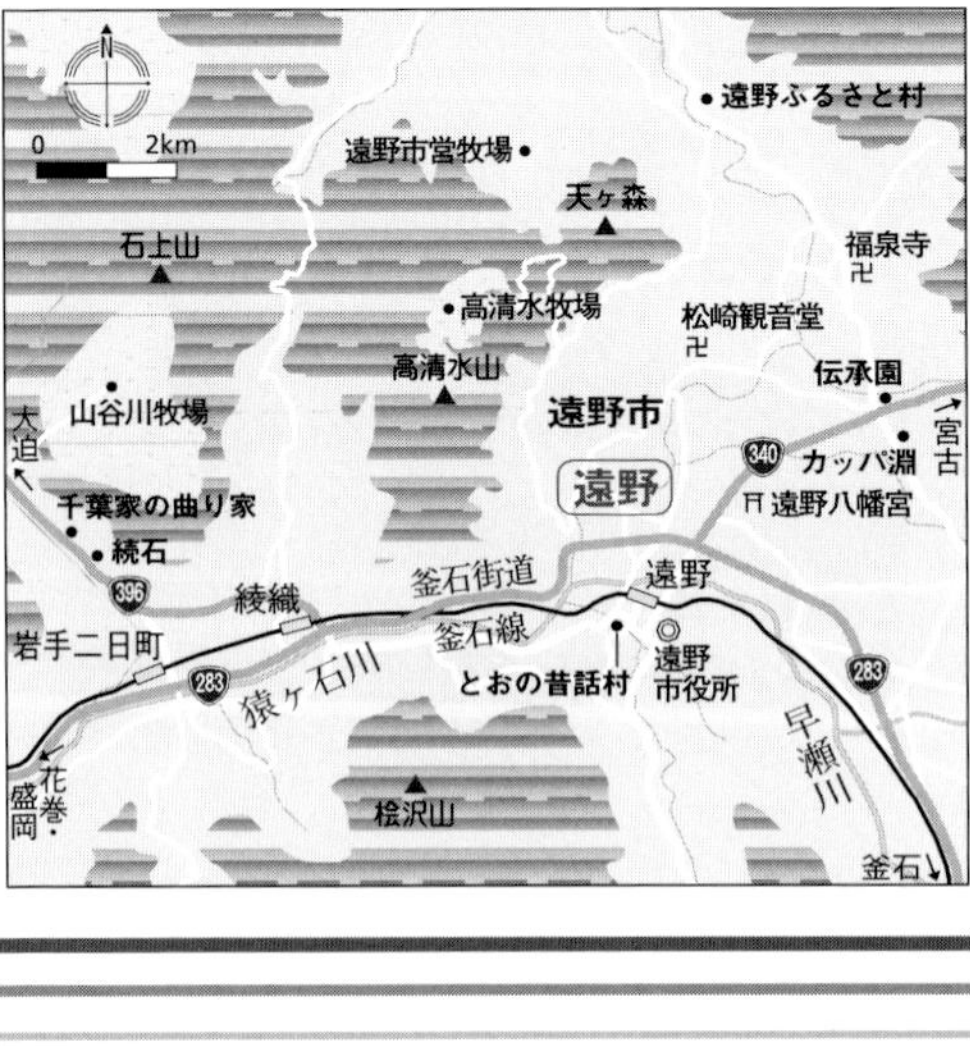

⬅遠野駅からの所要時間。とおの昔話村（徒歩約８分）、伝承園（徒歩約１時間15分）、カッパ淵（徒歩約１時間30分）、遠野ふるさと村（約12㎞、車約20分）、続石（約10㎞、車約15分と徒歩約10分）。

●遠野ふるさと村／☎0198・64・2300　㊊9時～17時（入村は16時まで）㊡年末年始　㊕520円　●路線バス／早池峰《はやちね》バス☎0198・62・6305　●タクシー／遠野交通☎0198・62・3355

サイクリングもまた楽し

盛岡駅からは、6時23分に発車する花巻回り釜石行き列車に乗り継ぐ。東北本線から釜石線を経由し、8時過ぎには伝説と民話の里、遠野の駅に到着する。

まず遠野駅横の観光案内所で、周遊マップを入手。それを参考に、目的地を選択し、ハイキングを楽しみたい。そのあとは、バスやタクシー、あるいはサイクリングなどで、残りの見どころを回るのが楽しいだろう。

遠野には、人間と飼馬がひとつの屋根の下で生活した〝曲《まが》り家《や》〟を移築した『遠野ふるさと村』など、見どころも多い。宿を予約しておいて、ゆっくりと楽しむのがいい。

⬆遠野駅から約500mの『とおの昔話村』では1日3回、地元の語り部による昔話が聞ける。写真は語り部、白幡ミヨシさん。

➡カッパ淵で、漬物にするための野菜を洗う近くの家の女性。遠野の町を歩くと、さまざまな懐かしい風景に出会える。

⬆米粉に砂糖、クルミ、黒胡麻を混ぜ、蒸してから乾燥させた銘菓「明《あけ》がらす」。10個入り600円から。『まつだ松林堂』☎0198・62・2236　水曜休み（繁忙期は営業）。

●「はくつる」運行データ

運行本数	1日1往復	
運行区間	上野〜青森	
運行距離	739.2km	
所要時間	（下り）9時間54分	
	（上り）9時間33分	
乗車料金	運　　賃	1万190円
	特急料金	3150円
	寝台料金	6300円・1万3350円
	（11号車のみ女性専用のレディースカー）	

●とおの昔話村／☎0198・62・7887　㊐9時〜17時　㊡年末年始　㊕310円　語り部による昔話は11、13、14時から各30分。
●伝承園／☎0198・62・8655　㊐9時〜16時30分　㊡年末年始　㊕310円

トワイライトエクスプレス

一流ホテルのもてなしが自慢 気品漂う優雅な列車旅

●大阪〜札幌

⬆大阪〜札幌間を21時間かけて走る「トワイライトエクスプレス」は調度品も欧州風。

⬅日本海や北海道など、沿線各地の新鮮な食材を、一流シェフが料理したフルコースのディナー。料金／1万2000円。切符購入の際に要予約。

●料理は季節によって変わります。

おたる
1998
Rosé

徹底したサービスは欧州流

大阪駅を正午に出発した寝台特急は、琵琶湖の展望を車窓に映しながら、一路北海道に向けて走り出した。列車の名は「トワイライトエクスプレス」。大阪から日本海沿岸、青森から青函トンネルを経て北海道・札幌に至る路線を約21時間で走破する、寝台特急である。

「トワイライトエクスプレス」が〝世界の超豪華寝台の水準に並ぶ列車〟として登場したのは、平成元年。世界一豪華な寝台特急として知られる、ヨーロッパのオリエント急行をモデルに設計され、〝クラシカルな中にもモダンな香りが漂う豪華車両〟と、すぐさま人気を集めた。平成13年12月からは内装設備が一新された車両も登場。より洗練されたデザインの客室が誕生した。木の温もりをテーマに、照明器具から絨毯《じゅうたん》、カーテン、ベッドカバーに至るまで、車内インテリアを落ち着いた色合いに

ディナータイム（要予約）：1回目17時30分～19時、2回目19時30分～21時
パブタイム：21時～23時（オードブル、ドリンク各種）

➡ロココ調インテリアが豪華な料理を引き立てるレストラン「ダイナープレヤデス」。旬の食材を用いた本格的フランス料理が味わえる。

⬆厨房では、一流ホテルで修業を積んだシェフが、メインディッシュのステーキを焼く。「日々、列車内の揺れとの戦いです」とひと言。

⬇スイート、ロイヤルの個室に、注文の飲みものを届ける乗務員。到着時はワイン、朝は朝刊とコーヒーのサービスも（A個室のみ）。

統一。さらに各所に設置された手すりの感触を良くしたり、案内絵文字をより分かりやすくするなど、細部にわたって、今まで以上に乗客を考えた造りとなっている。

　そんなトワイライトで、とくに注目されているのが、サービスの良さ。乗務員の接客態度は、貴族に仕える執事を思わせるほど徹底したものだ。

「車掌を始め乗務員全員が、一流ホテルで接客の教育を受けたんです。本場オリエント急行の乗務員とも会いましてね、彼等にノックの仕方から、じっくりと教わったんですよ。ほら、こういうふうに……」

　と、車掌は、背筋をピンとのばし、軽くドアをなでるように2回叩いた。

　贅《ぜい》を尽くした列車内の装備や一流ホテル並みのサービスに、乗客のひとりひとりが気品あふれる紳士淑女の顔つきになる。そんな空気が車内に流れる中、列車は北陸最大の港町、敦賀《つるが》に到着。ここからは、日本海沿いを北上する。

●モーニングタイム：６時～９時（和洋朝食／1500円）
ランチ・ティータイム：13時～16時（ビーフカレー／1000円ほか）

⬇ 車体の色は日本海の深い緑を、黄色の帯はトワイライト（薄明かり）を表現した、日本最長走行距離を誇る寝台特急。

⬆天井まで広がる大きな窓に向けてシートを設定した、憩いの場「サロンデュノール」(平成12年撮影)。平成14年からは、木目調の壁に改装された。

文人墨客の旅をたどる

琵琶湖から日本海沿岸を通るこの路線は、松尾芭蕉や十返舎一九といった、多くの文人たちが旅をした道筋でもある。彼等の歩いた足跡をなぞるように配したレールの上を、列車は一定のリズムを刻みながら進む。

立山連峰を右に、日本海を左の車窓に望みながらしばらく走ると、奇岩突き出る海沿いの景勝地、親不知《おやしらず》を通過する。ここはかつての旅人たちの足を留《と》めた北陸の難所。十返舎一九は紀行文にこう記している。

《※親不知という難所あり。波の引くを見て駆け通る所なり。長き間なれば、岩の上へ登り、潮の引くを待ちて、駆け通る道なり》

そんな昔の面影を偲《しの》びながら、列車はトンネルという手段で難所を越えた。糸魚《いとい》川、そして直江津駅を通過。この頃になると日本海は夕日で赤く染まり出す。荒海の向こうにはぼんやりと佐渡島。波打ち際は奇岩の数々。景勝地、福浦《ふくうら》八景である。

《※柏崎《かしわざき》より鯨波《くじらなみ》の駅まで一里ばかりの間、おもしろき形の大岩あまたありて（中略）真黒になって寄せくる大波は鯨波とも言うべかりける》

真っ黒な鯨波《げいは》は、海に夕日が沈むとともに、闇の中に溶け込んでいく。やがて車内は、卓上の照明と月明かりで、うっすらと〝トワイライト（薄明かりの黄昏《たそがれ》）〟に包まれ、列車は、夜の帳《とばり》の中を海の向こうの北海道へと進路を定めた。

⬇「日本海の夕日を優雅に楽しむ」というコンセプトに基づいて造られた列車だけに、車窓に映し出される夕日は絶景だ。

⬆カード式電話と、飲み物の自動販売機が設置されている、休憩所「ミニサロン」。ゆったりと寛《くつろ》げる高級ソファが長旅の疲れを癒してくれる。

➡サロンカーや客室で食べられる和食料理「日本海会席御膳」は、旬の海の幸が中心。料金／6000円。切符購入の際に要予約。

※46ページで引用した十返舎一九の紀行文は、『金草鞋《きんのわらじ》』（1814年）より抜粋。

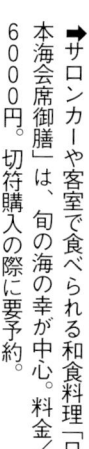

⬆A個室スイート（２人用）：２号車中央部にあるスイートルーム。１号車のスイート（左ページ上写真）とほぼ同じ造りだが、入口から離れた場所にベッドが設置され、カーテンで仕切れば専用ベッドルームにもなり、落ち着いた雰囲気を醸《かも》す。寝台料金／１人２万5490円。

⬆A個室スイートルーム（2人用）：列車最後部に位置するスイートルームは、広さ充分のツインベッド、ソファベッド、大型液晶テレビ、冷蔵庫、電気ポットなどを設置し列車内の空間を贅沢に独占。正に走る豪華ホテルだ。寝台料金／1人2万5490円（3名まで可。補助ベッド使用料／9540円）。

⬇A個室ロイヤル（1人用）：落ち着くシックな色調の内装は、どことなくヨーロッパの豪華寝台特急、オリエント急行を思わせる造り。ソファはセミダブル仕様のベッドになり、2名でも利用できる。寝台料金／1人1万7180円（補助ベッド使用料／9540円）。

「トワイライトエクスプレス」には、トイレ、シャワー室、テレビ（ビデオ放映）といった、ホテル並みの豪華な設備を完備したスイート、ロイヤルなど、2タイプのA寝台個室と、簡便なB寝台が用意されている。また、レストランカーでは、ランチ、ディナー、パブ、モーニングタイムを設定。ゆっくり寛《くつろ》げるサロンカーは深夜まで照明が灯《とも》され、パブラウンジとしても活用でき、こうした長時間の旅を快適に過ごせる設備に加え、さらに平成14年度から、絨毯や壁などのインテリア類が、落ち着いた色合いに変更され、より、客室で寛げるようになった。贅を尽くした豪華な列車旅を、のんびり優雅に楽しんではいかがだろうか。

⬆Bコンパートメント（4人用）：個室感覚で過ごせるB寝台。グループや家族行などで楽しめる。寝台料金／1人6300円。

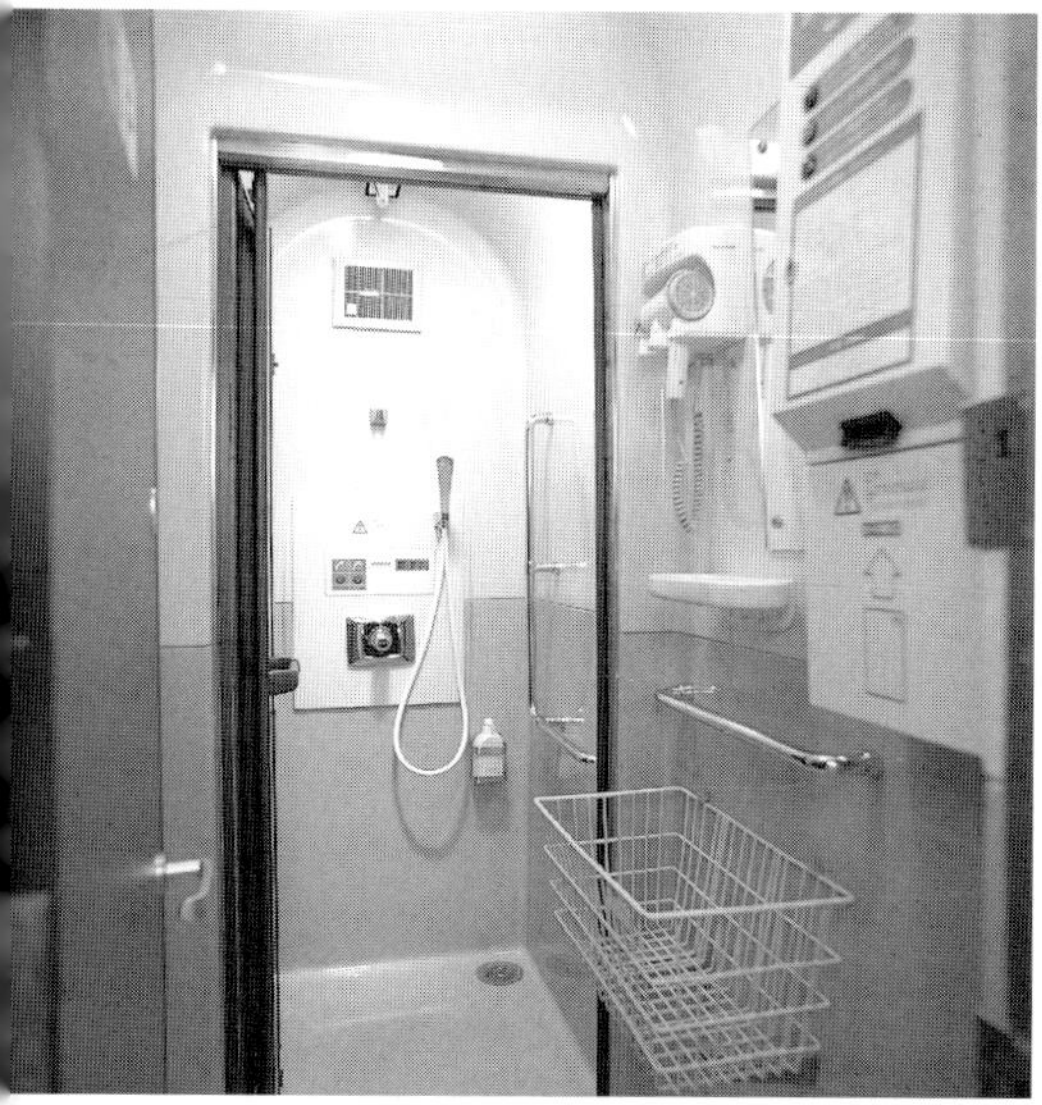

⬆パブリックシャワー：４号車サロンカーに設置された共同のシャワー室。列車内にて予約受付。カード料金／310円（６分間）。

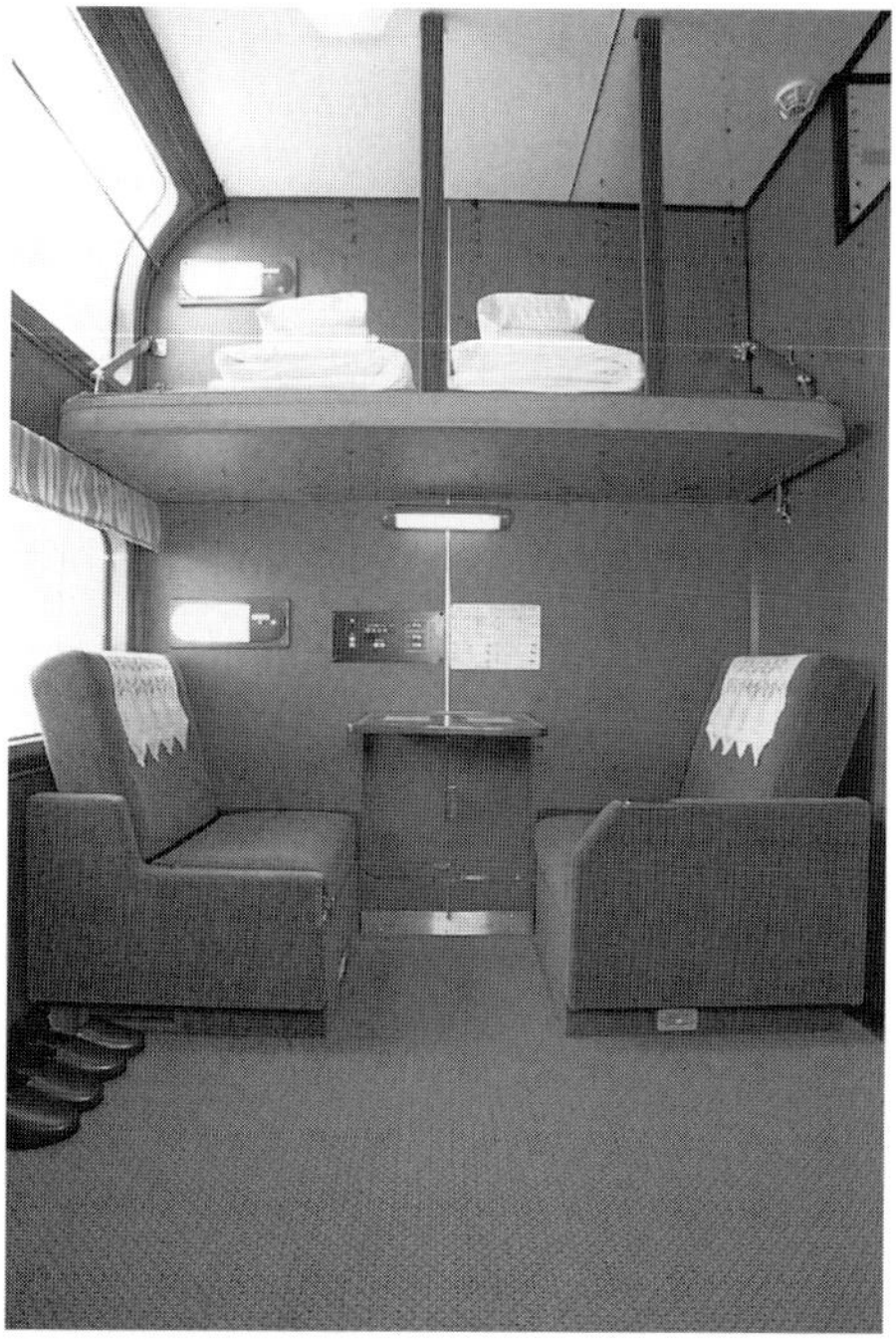

⬆Ｂ個室２人用ツイン：２段ベッドタイプの個室。幅広の窓で室内が明るく、上段のベッドはリモコンで天井部まで上がるため圧迫感が少ない。部屋の間仕切りを外して４名で利用できるタイプの部屋もあるので、予約の際確認を。寝台料金／１人8160円。

●「トワイライトエクスプレス」運行データ

運行本数	１日１往復（運転しない日もある）
運行区間	大阪～札幌
運行距離	1495.8km
所要時間	（下り）21時間08分
	（上り）22時間34分
乗車料金	運　　賃　1万6170円
	特急料金　3150円
	寝台料金　6300円・8160円・9170円・1万7180円・2万5490円

⬆就寝時に利用するリネン（浴衣）が、平成14年から、今まで以上に心地よい生地素材を使用し、現代風デザインに改良された。

北陸

●上野～金沢

発車が一番遅い寝台で日本海へ。夜明けの海が刻一刻と色を変える

⬆上野駅から高岡駅まで、所要時間6時間51分。「北陸」は東京駅と上野駅から発車する寝台列車の中で、一番最後に発車する。仕事を終えてからでも充分、乗車ができる時間だ。

⬅B寝台個室ソロ。ベッドの真上を見るとよくわかるが、この個室の上にも個室がある2層構造。他にはA寝台個室シングルデラックスと2段式のB寝台があり、シャワー設備も完備。

ほろ酔いの人や残業帰りの会社員が家路を急ぐ上野駅、23時。故郷に帰る友人を見送る者たちの声だけが響き渡る、遠距離用の静かなホームに「北陸」が発車を待っている。

約2時間、落ち葉の道を歩く

　寝台列車とハイキングで目指す、倶利伽羅《くりから》峠の起点は、北陸本線石動《いするぎ》駅。早朝の高岡駅で乗り換えるのだが、その前に『ホテルニューオータニ高岡』のレストラン「都万麻《つまま》」で朝食をとりたい。ただし列車の到着から開店まで、少し時間がある。そこで、高さ15・85mの高岡大仏や、木舟《きふね》町界隈《かいわい》の土蔵造りの家並みなどを見て過ごすといいだろう。

　峠越えの道は、江戸時代に加賀藩主が、参勤交代の往還道として整えた北陸道である。この一部である富山県小矢部《おやべ》市石坂《いっさか》地区から石川県津《つ》幡《ばた》町前坂までの6・8kmが〝いにしえの街道〟として整備されている。

　県境に位置する倶利伽羅峠は、寿《じゅ》永《えい》2年（1183）の源平合戦で名高い。10万の平維盛《これもり》に対し、4万の木曽義仲《よしなか》が用いた奇襲戦法〝火牛《かぎゅう》の計〟の話が語り継がれている。これは、数百頭の牛の角に松明《たいまつ》を結びつけて突撃させた戦術だ。

⬆小矢部市側の登山口は、石坂の小集落を抜けたところ。左右に畑が広がる、のどかな山里の小道を行く。

➡日本三大不動尊に数えられる倶利伽羅峠の不動寺。峠までの車道もあるので参拝客の姿が絶えず、境内にそばやおでんを扱う茶店も。

●ホテルニューオータニ高岡／☎0766・26・1111　高岡駅から徒歩約5分。
朝食（和・洋）7時〜

➡峠越えの道は、「歴史国道・倶利伽羅いにしへの街道」として整備されている。歴史国道とは歴史的・文化的価値を有する道の総称。

➡峠越えの道は歩きやすい。だが、山が連なるこの辺りは、年に数回ツキノワグマが目撃される。独り歩きは避け、携帯ラジオや鈴の音で、人間がいることを知らせながら歩こう。

石坂地区の手前の埴生《はにゅう》地区に、義仲が戦勝祈願した護国八幡宮が、神さびた趣でたたずむ。ここから街道筋の石坂集落を経ると登山口だ。

はじめは急な上りが2か所あるが、丸太で階段状に整備され、歩きやすい。峠までは約1時間。途中、茶屋跡の石碑や芭蕉の句碑などがあり、いにしえの日々を彷彿《ほうふつ》とさせる。

不動寺で休憩し、下りは15分ほど車道を歩き、「山森バス停」の道標が立つところで、左側の細い舗装道へ。約10分で道が分岐するものの道標はない。鉄塔が立つ右側の砂利《じゃり》の小道を進む。そこから30分ほど緩い坂道を下れば津幡町の前坂だ。少し先には食事処や、竹炭入りの湯を満たす風呂がある『倶利伽羅塾』もある。

ここで疲れをいやし、遅い昼食もとりたい。時間が許せば、金沢へ足を延ばすのもいい。寝台列車の旅は、一日を長く味わわせてくれる。

⬆津幡駅から北陸本線快速約10分で金沢。藩主前田家ゆかりの名園、兼六園《けんろくえん》や金沢城石川門、武家屋敷など城下町の面影を残している。

➡高岡駅から徒歩6分の高田屋《たかたや》は、手作りの味が人気のマス寿司の専門店。「ますの寿し」1段1100円、2段2100円。

⬅ＪＲ高岡駅（北陸本線快速13分）→ＪＲ石動《いするぎ》駅（タクシー約５分）→埴生護国八幡宮（徒歩約20分）→石坂の登り口（徒歩約60分）→倶利伽羅峠（徒歩約60分）→前坂（徒歩約15分）→竹橋の倶利伽羅塾（タクシー約10分）→ＪＲ津幡駅。

●高田屋／☎0766・24・0811　７時30分頃～売切れまで　㊡木曜、最終日曜
●倶利伽羅塾／☎076・288・8668　食事11時30分～20時、入浴10時～16時（300円）㊡月曜

⬆金沢駅の東方の卯辰《うたつ》山麓にひがし茶屋街がある。紅殻格子《べんがらごうし》の茶屋が並び、艶っぽい趣が漂う。一見さんお断りだが「志摩」「懐華樓《かいかろう》」が一般公開している。

⬆ボンネットバスの「城下町 かなざわ周遊号」。金沢駅から兼六園や、繁華街の香林坊《こうりんぼう》、近江町市場のある武蔵ヶ辻などを一巡する。

●「北陸」運行データ

運行本数	1日1往復
運行区間	上野～金沢
運行距離	514.9㎞
所要時間	（下り）7時間27分 （上り）8時間04分
乗車料金	運　賃　7980円 特急料金　2830円 寝台料金　B寝台6300円 （ほかに1人用個室6300円・1万3350円もある）

●石動タクシー（小矢部）／☎0766・67・1133、おやどタクシー（津幡）／☎076・289・2141●観光の問い合わせ／小矢部市商工振興課☎0766・67・1760、津幡町商工観光課☎076・288・2129

⬆「あさかぜ」には写真のＡ寝台個室と、２段式のＢ寝台がある。Ａ寝台個室には、上げ下ろし式の洗面台や小さなテーブルが付く。また、シャワールームは無料で使える。

あさかぜ

●東京～下関

〝ブルトレ〟の先駆け「あさかぜ」薄明の山陽路をひたすら走る

➡A寝台個室以外のシャワールーム利用には、シャワーカード310円が必要。カードは乗務員から買い求めること。

東京を夜の19時に出発すると、有楽町や新橋辺りの沿線のビルで、まだ机に向かっている会社員の姿が窓越しにはっきり見える。何か申し訳ないような気持ちになりながらも、これからの旅に心が弾む。

早朝の潮風も爽快

降りるのは尾道、うす暗い5時少し過ぎだ。港町の朝は早いものだが、尾道の漁港は駅からは遠いし、駅前の船乗り場、尾道ポートターミナルビルが開くのは6時30分。駅でゆっくりと身支度などをし、因島《いんのしま》を目の前にした海沿いの道を散策しながら、薄明のひとときを過ごす。

生口島《いくちじま》へ渡る前に、尾道をもう少し歩いてみたい。

8時を過ぎると、駅からタクシーで5分ほどの、聖徳太子創建と伝わる浄土寺《じょうどじ》の前に、〝晩寄《ばんより》さん〟と呼ばれる魚の行商のおばちゃんが数人やって来る。近所の主婦たちとのやりとりを見ているだけでも、この町の暮らしぶりを垣間見ることができる。

⬇尾道の千光寺《せんこうじ》公園から天寧《てんねい》寺《じ》三重塔を見下ろす。尾道水道や市街地を眼下にする千光寺公園へは、ロープウェイ（9時から17時）で行ける。

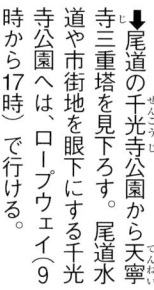

⬆生口島と高根島《こうねじま》を結ぶ高根大橋の下に、海難除けの亀の首地蔵が波に打たれている。潮が引くと、足元に亀の形をした岩が現れる。

⬅東京駅から尾道駅まで、所要時間10時間17分。東京を出た後は横浜、熱海、静岡、浜松、名古屋、岡山、福山に停まり、夜の名残がまだ漂う5時17分、尾道に着く。写真は根府《ねぶ》川《かわ》ー真鶴《まなづる》間の白糸川橋梁。

⬇観音山《かんのんやま》からは瀬戸内海の島々を一望できる。

尾道の町は平地が少なく、海岸から山への斜面に住宅が密集している。それらをつなぐように坂道が複雑に絡み合っている。そんな迷路のような道に迷い込んでみるのも、尾道の楽しみ方のひとつである。

'99年、本州四国連絡道路・瀬戸内しまなみ海道《かいどう》の開通により、尾道から四国・今治《いまばり》までの間が結ばれた。尾道から向島《むかいしま》、因島、生口島《いくちじま》と、島から島へ20本の橋が架けられ、車でも自転車でも、徒歩でも、瀬戸内海を渡れるようになったのである。

その中継点である生口島へ、往路は従来通りに船で行き、復路はバスでと、コースに変化をつけてみる。

生口島は全国有数の柑橘《かんきつ》類の生産地で、特に昭和2年から始まったレモン栽培は、国産レモンの発祥といわれている。秋から冬にかけては全島の斜面を覆う畑にミカンやネーブル、レモン、八朔《はっさく》と次々に黄金色の果実が実り、5月中旬には白い花が清々《すがすが》しい香りを放っている。

日本画家の平山郁夫画伯は、この島に生まれた。《とりたてて特徴はないが、気候温暖、土地も豊かで、稲作やミカンの栽培が盛んだ》と『自伝画文集 道遥か』（日本経済新聞社刊）の中で書いている。

島には平山画伯の美術館もでき、以前から大勢の観光客を集めていた『耕三寺《こうさんじ》博物館』とともに、島の代表的施設となっている。

⬆尾道駅前から生口島・瀬戸田港までは船で約40分。三原からの船便もあり、高速船で27分だが、三原駅から港まで徒歩約10分。

⬅瀬戸内海の島々の美を堪能しながら生口島へ。尾道7時35分の始発に乗れば8時14分に島に着く。寝台列車を利用すると一日が長い。

⬆生口島のレモン発祥の地、レモン谷は、大三島《おおみしま》との架け橋、多《た》多《た》羅《ら》大橋入口近く。この大橋は広島と愛媛の県境を結んでいる。

⬆瀬戸田港の前の『旅館つつ井』は生口島きっての老舗旅館。季節の鮮魚料理が楽しみ。1泊2食付き1万2000〜2万円。☎08452･7･2221

⬆耕三寺前の『憩《いこい》』はタコ料理の専門店。甘味のある刺身、やわらか煮、天ぷら、タコめし（写真）などが味わえるミニコース「生口丸《いくちまる》」は3000円。11時〜15時、夜は予約制、水曜休み。☎08452・7・0105

のどかな島に極彩色の寺

さて、瀬戸田港から潮音山《ちょうおんざん》に登ってみる。国宝の向上寺《こうじょうじ》三重塔の背後の坂道をさらに登った頂上からは、瀬戸の輝く海が見える。

耕三寺参道の商店街に下りれば、いつも賑《にぎ》わう『耕三寺博物館』はすぐそこだ。京都御所の紫宸殿《ししんでん》と同じ様式のきらびやかな山門を入ると、孝養門や本堂など20余りの絢爛《けんらん》な堂塔が立ち並び、極楽浄土の世界を思わせる。ここは浄土真宗本願寺派の寺である。各堂塔や新宝物館などを含め、寺域全体を博物館として公開しているため、耕三寺博物館という。

耕三寺山門前に、タコ料理の専門店『憩《いこい》』がある。潮の流れが速い多《た》多羅《たら》大橋の下で獲れたタコしか使わないという、職人気質の店である。

ところで、生口島にはしまなみ海道中の最高峰、観音山《かんのんやま》（標高472m）がある。道は整備され、往復約2時間の登山が楽しめる。

頂上直下の「火滝観音」と呼ばれる観音さまのお堂の脇から見る眺望が素晴らしい。昔、狼煙《のろし》が上げられた場所だと伝わるだけあって、南側の島々がはるかかなたまで見渡せる。

⬅『旅館つつ井』では、レモンを浮かべた美肌効果抜群のレモン風呂に入浴できる。レモンの生産農家と契約しているので、一年中レモンが絶えることはない。入浴のみは12時〜15時頃（1時間前までに電話を）。入浴料500円。

⬆瀬戸田町はレモン生産量日本一。減農薬栽培で除草剤、防カビ剤は一切使っていないので皮ごと食べても安心。旬は11月〜3月。

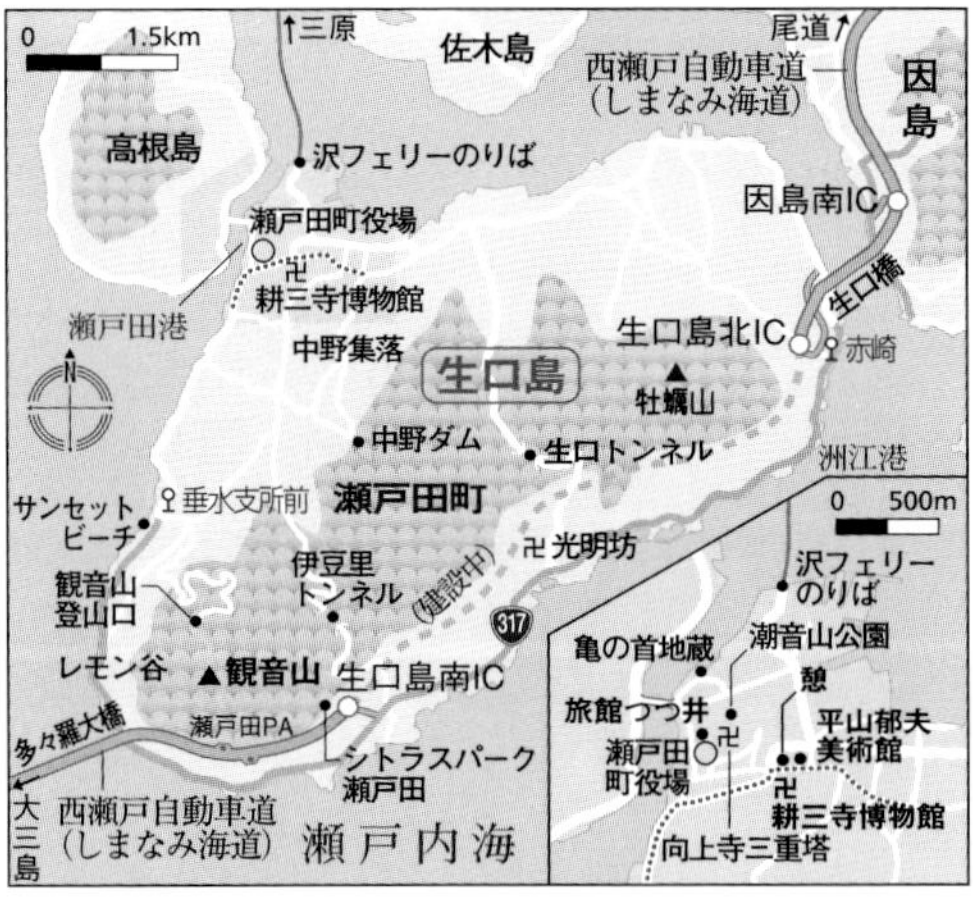

⬅ＪＲ尾道駅前・尾道ポートターミナル（船約40分）→生口島・瀬戸田港（徒歩約15分）→潮音山《ちょうおんざん》・向上寺《こうじょうじ》三重塔（徒歩約20分）→耕三寺《こうさんじ》（徒歩約３分）→平山郁夫美術館（徒歩約15分）→瀬戸田港。中野集落は白壁の古い町並み。

●尾道／備三《びさん》タクシー☎0848・37・2800　●船／尾道海運☎0848・23・2906、瀬戸田運航☎0848・22・4123

⬆30年かけて造られた絢爛な堂塔が並ぶ、耕三寺博物館。京都御所紫宸殿《ししんでん》と同じ様式の山門や、日光陽明門を再現した孝養門がある。9時〜16時、無休、1000円。☎08452・7・0800

⬆平成11年オープンの『平山郁夫美術館』。少年時代の絵画から生口島を描いた作品まで揃い、定期的に作品を入れ換える。9時〜17時、臨時休館日以外無休、600円。☎08452・7・3800

●「あさかぜ」運行データ

運行本数	1日1往復
運行区間	東京〜下関
運行距離	1095.9km
所要時間	（下り）14時間55分
	（上り）14時間43分
乗車料金	運　賃　1万2810円
	特急料金　3150円
	寝台料金　6300円・1人用個室1万3350円

●瀬戸田町・生口島／瀬戸田タクシー☎08452・7・2244、本四バス☎08452・7・0416
●観光の問い合わせ／尾道市観光文化課☎0848・25・7184、瀬戸田町観光商工課☎08452・7・2211

⬆岡山県・井倉付近を走る「サンライズ出雲」。高梁《たかはし》川に沿った伯備《はくび》線の景観はすばらしい。夜が明けたところで通るので、中国山地の景観が存分に楽しめる。

サンライズ出雲

●東京～出雲市

山間《やまあい》を縫って出雲路に。
電化路線を走る2階建て寝台

電車寝台として新登場

「サンライズ出雲」が誕生したのは、平成10年夏のことだった。それまでの寝台車のイメージを一新した、木調の落ち着いた内装と、オール個室が自慢の列車である。なにより画期的だったのは、それまで寝台列車といえば機関車が牽引《けんいん》する客車列車と決まっていたのが、電車に代わったことだった。

　これによって、京都から山陰本線に入る従来の「出雲」(80ページ参照)とちがって、岡山から倉敷を経て電化されている伯備《はくび》線のルートをたどるようになった。岡山までは「サンライズ瀬戸」(東京~高松)とペアを組む。距離は少し延びたが、所要時間は短縮された。

　デビューしてからまだ日が浅いこともあり、車内は充分に美しく、それになにより明るいのが嬉しい。

⬆伯備線に入って総社を通過したあたりから
高梁川がその優美な姿を見せるようになる。
進むにつれて川幅は狭まり、流れも急になる。

●すべての寝台列車に共通することだが喫煙可能な寝台列車は限られている。喫煙する場合は決められた場所に赴いてほかの客の迷惑にならないよう心がけたい。

⬆12号車（下り）の２階は「ノビノビ座席」と呼ばれるカーペットカー。寝台ではなく座席扱いだ。

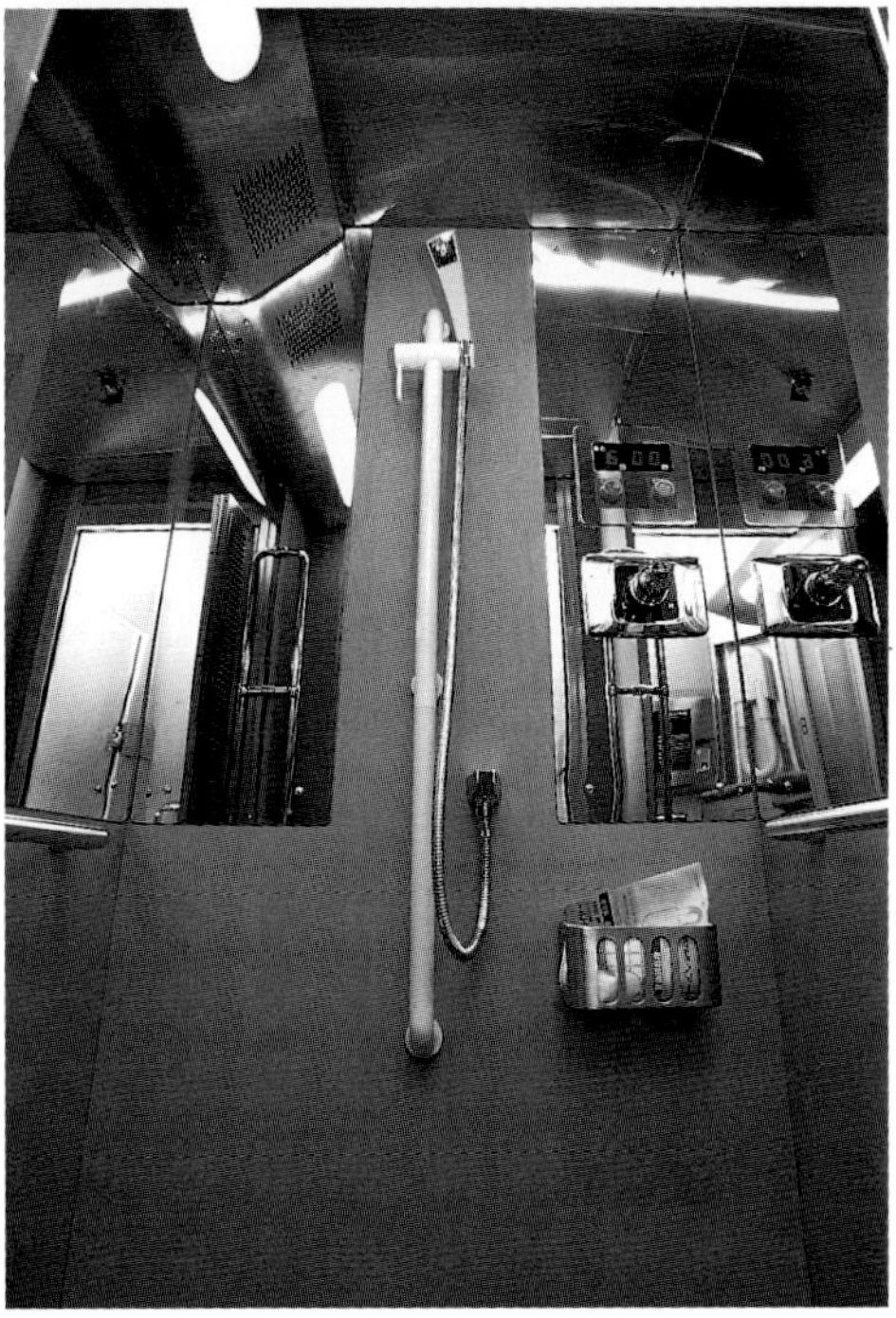

⬅シャワールームはＡ寝台客は無料、Ｂ寝台客は３１０円で利用できる。あらかじめ乗務員に申し出てシャワーカードを購入する。

●「サンライズ出雲」にはシャワールームの隣にミニサロンが連結されている。同行者と語らったり寛《くつろ》いだりするのに重宝な空間だから利用したい。

⬆「シングルデラックス」と呼ばれる１人用個室。テーブルに椅子、洗面台、それにテレビまで設置されている。室内は広くゆったりしており、車窓の展望も抜群によい。

⬇枕元に設置されたテレビ。夜のひととき、リズミカルな振動に身を任せてのテレビ観賞もまたよきかな。

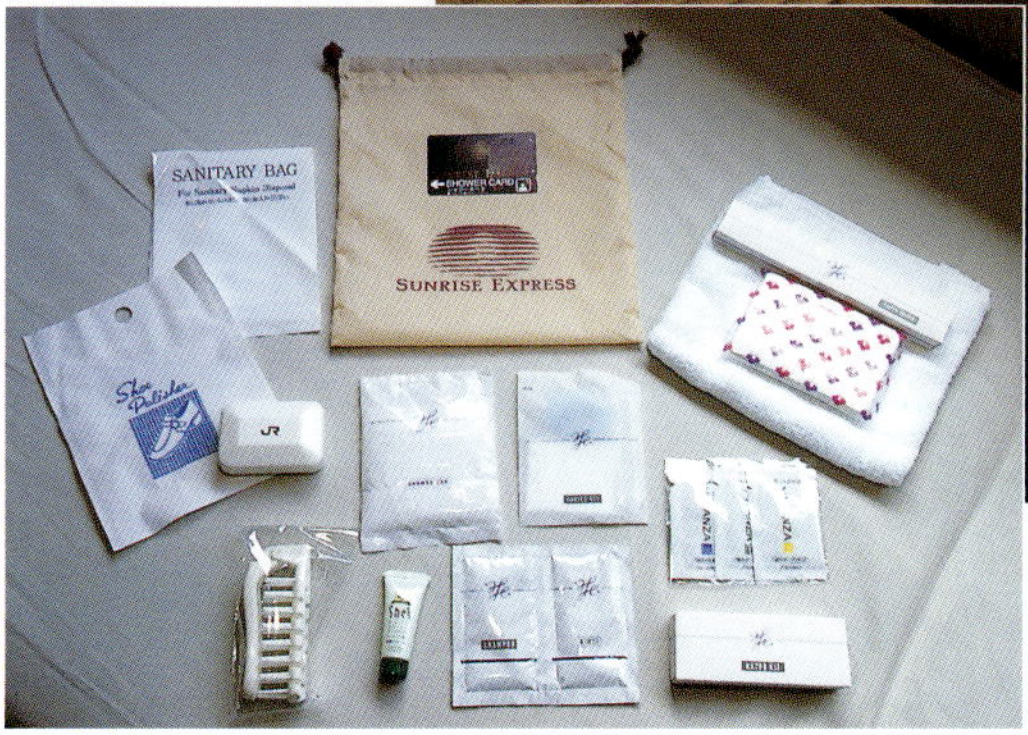

⬅A寝台の客には「サンライズ・エクスプレス」オリジナルの洗面用具セットが提供される。

⬆シングル：B寝台１人用個室。「ソロ」と呼ばれるタイプより室内は広い。車内という狭い空間を極力広く取る工夫が施されているので、比較的落ち着いて寛《くつろ》ぐことができる。寝台料金／１人7350円。

⬆シングルツイン：上下２段になっており、それぞれに窓が確保されている。さすが２階建て車両だけあって天井が高い。窓も広く大きいので、圧迫感を感じることはほとんどない。寝台料金／１人9170円。

「サンライズ出雲」に乗ったら、中国山地の景観を存分に楽しみたい。下りだと、ちょうど明るくなる頃に高梁《たかはし》川を遡上《そじょう》することになる。山地から流れ出たこの川は、時に左になり、時に右になりするが、新見《にいみ》あたりまでほぼ、つきしたがってくれる。趣《おもむき》豊かに流れ下る美しい川である。

この列車は、あくまで米子《よなご》以西の日本海の都市を結ぶのが眼目とあって、高梁川の中間、古い城下町で知られる高梁をはじめ、伯備線の主要駅はノンストップで駆け抜けてしまう。この列車の売り文句は、電化された区間だけを走り目的地に早く着くということなのだが、この風光明《めい》

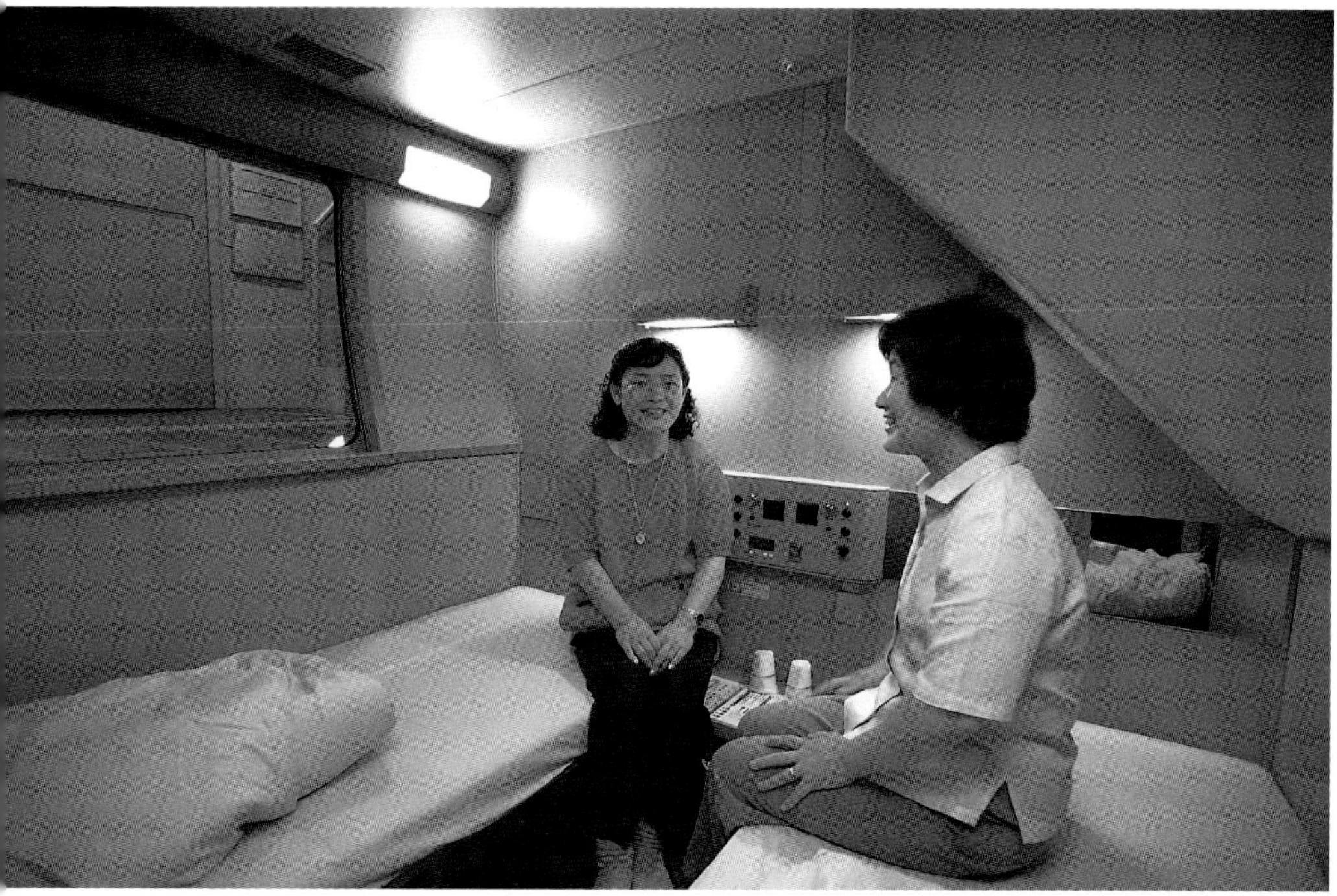

⬆サンライズツイン：Ｂ寝台２人用個室。全部で４室しかないので、早めに手配しないと切符の入手は困難。寝台料金／１人7350円。

媚《び》な景観は捨てがたく、もっとゆっくり味わいたいものだと思う。

山中で県境を越えると、次には鳥取の日野川沿いの旅になる。山里の、どこかひなびた景観が、なにがなし郷愁を誘う。心和《なご》む風土である。

山を抜け、田園が広がると、信仰の山・大山《だいせん》がその雄姿を現す。やがて山陰本線に入った列車は、中海《なかうみ》、宍道湖《しんじこ》を右に見て出雲市へと歩を進める。

●「サンライズ出雲」運行データ

運行本数	１日１往復		
運行区間	東京～出雲市（伯備線経由）		
運行距離	953.6km		
所要時間	（下り）12時間04分		
	（上り）12時間04分		
乗車料金	運　賃	1万1660円	
	特急料金	3150円	
	寝台料金	6300円・7350円・9170円・1万3350円	

●「サンライズ出雲」は３号車（上り）と10号車（下り）にシャワー室があり、時間制で利用することができる。あらかじめシャワーカード（310円）を購入しておくことが必要。シングルデラックスの客は無料。

出雲

●東京～出雲市

郷愁の面影をとどめて山陰本線をひた走る

⬅いかにも八百万《やおよろず》の神の国を思わせるトレイン・マーク。京都からの山陰本線区間では、ディーゼル機関車の前につけられる。

⬆園部《そのべ》～福知山間の山あいを走る頃、夏の夜が白々と明け始める。冬場はまだ闇の中だ。

⬅この列車には1両（1号車）だけA寝台車が連結されている。「シングルデラックス」と呼ばれる1人用個室だ。

⬆「出雲」には元食堂車が連結されている。営業をやめて久しいが談話室として開放されている。

日本海を眺めて西へと下る

夜のうちに東海道本線をひた走った下り「出雲」は、真夜中に京都で機関車を電気からディーゼルに付け替えたところで山陰本線に入る。

夜が明けてくるにつれて田園が広がり、右手には川が寄り添うようになる。日本海に注ぐ円山《まるやま》川で、豊岡を過ぎたあたりから流れがことのほかゆったりとなる。対岸には奇観で知られる玄武洞《げんぶどう》を望むことができる。

しかし、ここまではまだ序曲に過ぎない。竹野で日本海に出ると、片時も車窓からは目が離せなくなる。香住《かすみ》、浜坂と過ぎ、ほどなく眼下に集落を見下ろす鉄橋を渡る。陸橋としては、日本一高いことで知られる余部《あまるべ》の陸橋である。

鳥取の手前で内陸に入った列車は、すぐに湖山《こやま》池という、ひっそりと水を湛《たた》える小さな湖にさしかかる。

列車は、日本海に沿ってひたすら西下を続ける。その歩みは特急とは

⬆陸橋では日本一高いといわれる余部《あまるべ》の陸橋を渡る。眼下には集落が、その先に日本海が広がる。山陰本線の見どころのひとつだ。

思えないほどゆったりしている。

やがて、左に信仰の山・大山《だいせん》が見えてくると米子《よなご》は近い。安来《やすぎ》で島根県に入った列車は、ようやくラストランに入る。

●「出雲」運行データ

運行本数	1日1往復
運行区間	東京〜出雲市（山陰本線経由）
運行距離	898.2㎞
所要時間	（下り）13時間43分 （上り）13時間15分
乗車料金	運　賃　1万1340円 特急料金　3150円 寝台料金　6300円・1万3350円

サンライズ瀬戸

●東京〜高松

目覚めれば朝日に輝く瀬戸の海。
人気の寝台列車で四国の旅へ

⬆東京駅から高松駅まで、所要時間９時間26分。写真は「サンライズ瀬戸」のＢ寝台個室２人用（サンライズツイン）。出雲方面行きの「サンライズ出雲」とは岡山駅まで併結。

瀬戸大橋で本州と四国を結んで走る「サンライズ瀬戸」は、人気が高い寝台列車。車体は薄茶とワイン色のツートンカラー。人気の秘密は客室種類の豊富さにあり、A、B寝台個室ともに1人用と2人用、広めの「シングルツイン」と様々だ。

期待を胸にいざ出発。客室内はすべて木調なので、木の温《ぬく》もりを感じながら眠りにつくことができる。

八栗寺と屋島寺へ札所巡り

高松駅で下車し、高松琴平電鉄の高松築港《ちっこう》駅へ向かう。通称〝コトデン〟の名で親しまれている電車が、讃岐《さぬき》平野を東へ、南へと走っている。堀に海水を引き入れた高松城跡の玉藻《たまも》公園を背景に、コトデンの高松築港駅がある。ここから、四国霊場第85番札所の八栗寺《やくりじ》へ向かう。ケーブルカー乗り場までの坂道の両側には、石材店や石工店が並び、技を競い合うかのように、石の彫り物が無造作に置いてある。

八栗寺のある牟礼《むれ》町は石の産地として知られる。寺の背後、岩峰が聳《そび》える五剣山《ごけんざん》は花崗岩《かこうがん》からなり、古来、良質の石材が産出されている。岩肌をむき出した異様な山に圧倒されていると、「チリーン、チリーン」の澄み切った音色。「同行二人《どうぎょうににん》」の墨文字が白装束に浮かぶ、お遍路さんだ。ここは〝歩き遍路〟の姿が珍しくない場所なのである。

⬆屋島山上の屋島寺《やしまじ》は第84番札所。あと4寺で結願《けちがん》となる。屋島はこの寺を含めて全体が観光地となり、眼前に五剣山、遠く小豆島《しょうどしま》などが眺められる好展望地。土産屋、食事処などもある。

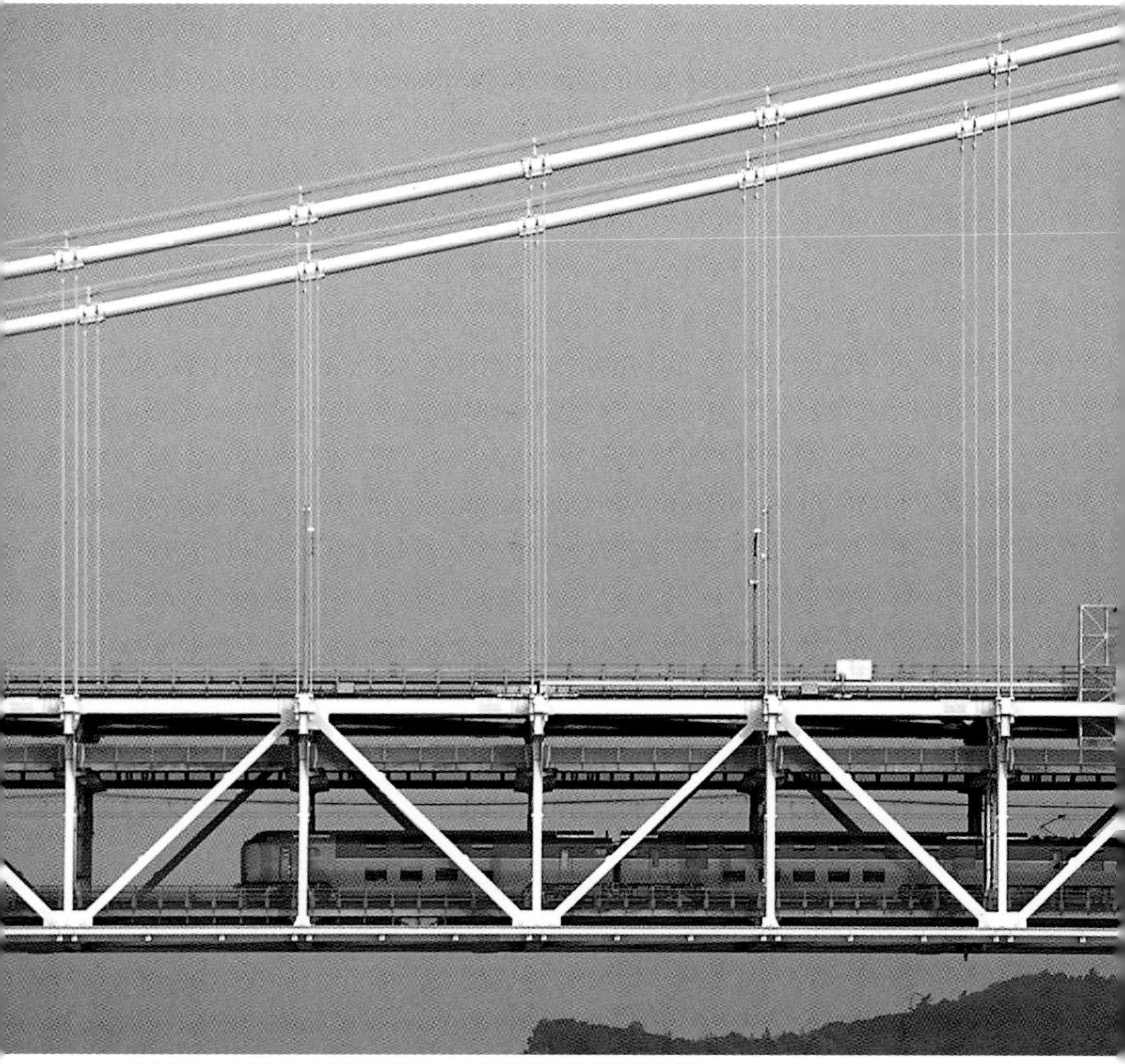

⬆本州と四国を結ぶ瀬戸大橋は、上部が瀬戸中央自動車道で
下部がＪＲ本四備讃線（通称瀬戸大橋線）の道路鉄道併用橋。
鉄骨が車窓の風景を遮るものの瀬戸内海の眺めは期待できる。

➡金毘羅《こんぴら》さんの境内で唯一商売を許されている〝五人百姓〟（露店商）は、大門《だいもん》でべっこう飴の「加美代飴《かみよあめ》」を売る。帰路は大門から裏参道と呼ばれる神苑へ。桜やツツジ、モミジの美しい一帯。

⬆琴平の旅館『琴平花壇』は森鷗外や北原白秋も宿泊したことがあり、新館には展望温泉大浴場がある。3月から5月までは予約時に希望をいうと、〝こんぴらタケノコ〟のフルコースが味わえる。1泊2食付き2万5000〜5万円。☎0877・75・3232

八栗寺から西に見える平らな溶岩台地が、源平の古戦場、屋島だ。山上には第84番札所の屋島寺《やしまじ》がある。ここへはケーブルカーを使わずに、遍路道の表参道である山道を登りたい。

入口にあたる屋島小学校から200mほどの上りは急だが、その先からの上りは多少緩くなり、滑らないように石を敷き並べた舗装の道。途中、幾重にも重なった安山岩《あんざんがん》の〝畳石〟が道の際《きわ》に続いたり、弘法大師ゆかりの井戸や道端にお地蔵さんが登場し、ハイカーを飽きさせない。

屋島を下り、夕方までには琴平《ことひら》へ着き一泊したい。翌日は〝金毘羅《こんぴら》さん〟の785段の石段に挑戦である。

⬆金毘羅さんの参道近くの金丸座《かなまるざ》（旧金毘羅大芝居）。現存する最古の歌舞伎劇場。9時〜17時、無休、300円。☎0877・73・3846

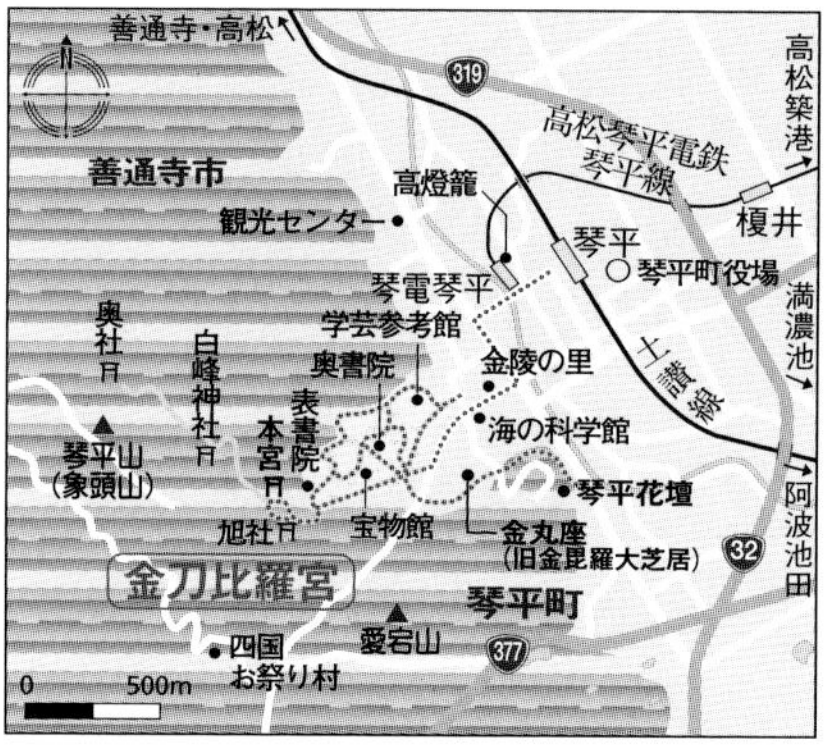

⬆琴電屋島駅（高松琴平電鉄14分）→瓦町駅（高松琴平電鉄55分）→琴電琴平駅（徒歩約40分）→金刀比羅《ことひら》宮《ぐう》本宮（裏参道経由で徒歩約40分）→金丸座（徒歩約15分）→ＪＲ琴平駅。金刀比羅宮奥宮までは本宮から徒歩約25分。

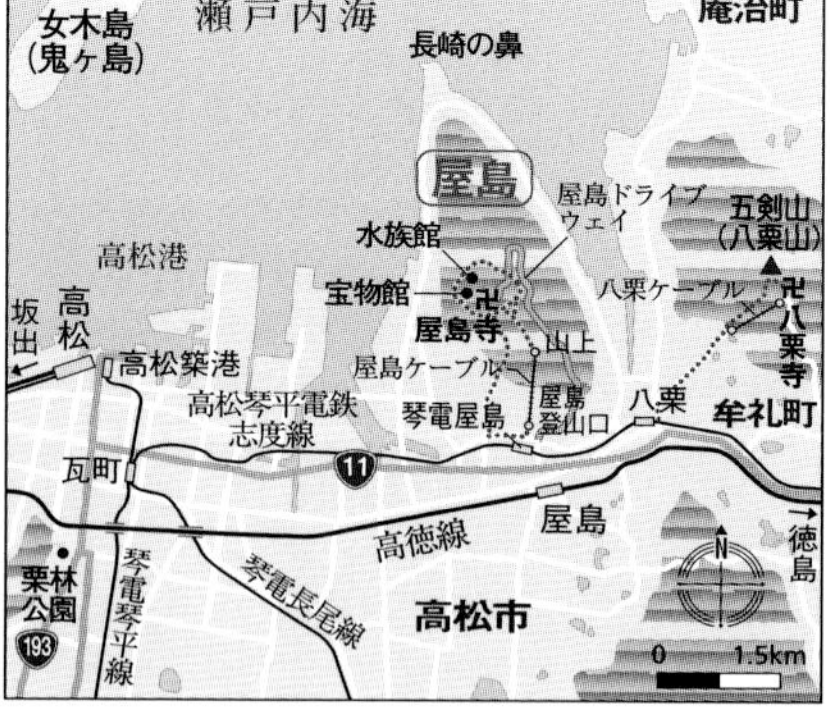

➡ＪＲ高松駅前・高松築港駅（高松琴平電鉄４分瓦町乗り換え18分）→八栗駅（徒歩約20分）→八栗ケーブル（往復約40分）→八栗駅（高松琴平電鉄４分）→琴電屋島駅（徒歩約50分）→屋島寺（徒歩約40分）→琴電屋島駅。

●屋島ケーブル／☎087・841・1551　８時55分〜17時35分（季節により変更あり）、往復1300円●八栗ケーブル／☎087・845・2218　７時30分〜17時15分（休日７時〜17時45分）、往復900円

⬆金毘羅さんと呼ばれ親しまれている金刀比羅宮の旭社《あさひのやしろ》。二層《にそう》入母屋《いりもや》造《づく》りの華麗な社殿なので、これが御本宮かと勘違いするが御本宮は旭社の上。

➡金毘羅さんの御本宮までは785段、奥社までは1368段の石段を登る。参道の途中には多数の旧跡や文化財など見どころが多い。

●「サンライズ瀬戸」運行データ

運行本数	1日1往復
運行区間	東京～高松（年末年始のみ東京～松山があり）
運行距離	804.7km
所要時間	（下り）9時間26分 （上り）9時間42分
乗車料金	運　　賃　1万1010円 特急料金　3150円 寝台料金　1人用個室6300円・7350円・1万3350円、2人用個室1人7350円

●観光の問い合わせ／屋島山上観光協会☎087・841・9443、牟礼《むれ》町建設経済課☎087・845・2117、琴平町観光商工課☎0877・75・6710

さくら

●東京〜長崎

日本を見守り、走り続けた映画にも登場した人気列車

⬆「さくら」10号車にある広々としたB個室。個室の寝台料金は、B寝台と一律の6300円。人気のため、予約は早めに行うこと。

東京〜長崎間の1都2府12県を走破する「さくら」は、九州と東京を結ぶ代表的な寝台特急。長い間、走行線区の看板列車のみに与えられる名称、「1列車」と呼ばれ、三國連太郎主演の『大いなる驀進《ばくしん》』（昭和35年）や、渡瀬恒彦出演の『皇帝のいない八月』（昭和53年）など、映画にも度度登場してきた人気列車でもある。

「さくら」が寝台特急として誕生したのは、昭和34年のこと。14両という長い車両編成で東京を出発。下関、博多を経て、肥前山口で長崎、佐世保2方向に分かれ、長きにわたって走り続けてきたが、平成11年12月、肥前山口〜佐世保間が廃止。変わって、寝台特急「はやぶさ」との併結で運行されることとなった。

⬆山口県・徳山駅の売店で購入した弁当「あなご飯」920円と、フグの天ぷら、フグの白身などがご飯にのった、下関の駅弁「ふくめし」。

⬆九州路を走行する「さくら」。現在、「さくら」「はやぶさ」ともに食堂車はない。車内販売は、下り「徳山～博多」間、上り「東京～名古屋」間で実施している。

ED 76 70
250

➡「さくら」単独列車の先頭機関車には、国鉄時代の雰囲気を醸し出すデザインの、「さくら・はやぶさ」と記され併結列車であることを示す。

旅情をかきたてる古《いにしえ》の車両

現在「さくら」は6両編成。「はやぶさ」8両と牽引《けんいん》機関車を連結し、15連という新幹線に次ぐ規模を誇る旅客特急として、東京を出発。佐賀県・鳥栖《とす》駅で分割し「さくら」は長崎へ、「はやぶさ」は熊本まで単独列車として運行している。

長崎行きの「さくら」は、肥前山口駅を過ぎたあたりから、雄大な有明海を望みながら走行する。昭和40年代に作られた古い車両は、車窓に映る景色とともに旅情をかりたてる。窓の取っ手やカーテンなど、細部まで行き届いた洒落たデザインに、過去の繁栄が偲《しの》ばれた。

高度成長時代の日本を陰で支え、着実に、ゆっくりと、昭和という時代を駆け抜けていった、「さくら」。その勇姿に、改めて敬意を表したい。

⬇上下段の４名仕様の昔ながらのＢ寝台客室は、寝台料金6300円。昭和のブルートレイン全盛時代が偲ばれる、趣のある客室だ。

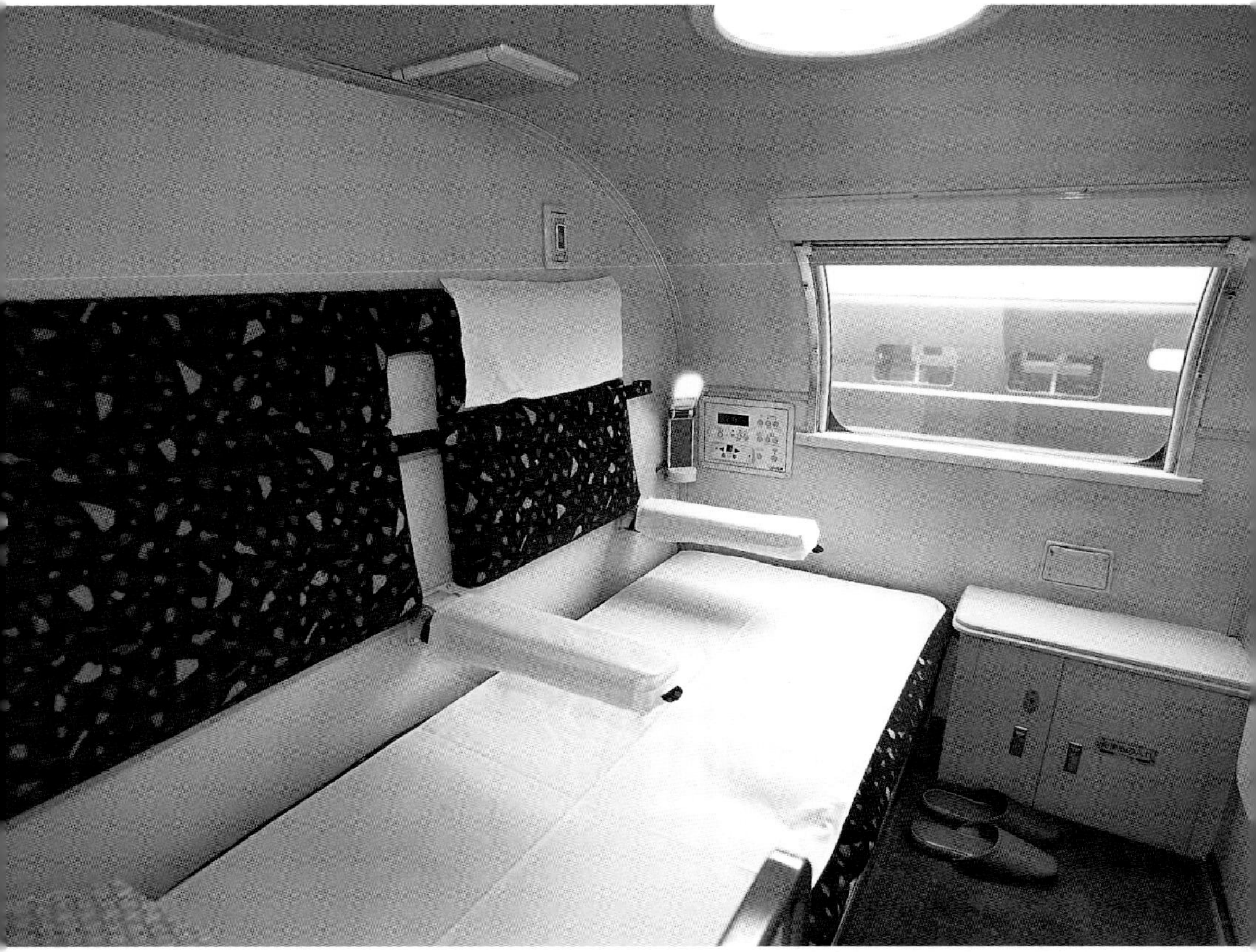

⬆B個室上段。窓からの眺めもよく、車内はじつに明るい雰囲気。長旅の疲れも癒される。

●「さくら」運行データ

運行本数	1日1往復
運行区間	東京〜長崎
運行距離	1328.8km
所要時間	下り19時間02分 上り18時間43分
乗車料金	運　　賃　1万4910円 特急料金　3150円 寝台料金　6300円

富士

●東京〜大分

「湯の町」に至るうれしい17時間の旅路。夕景から早暁《そうぎょう》…車窓は時を映す鏡

➡2段式B寝台。「富士」にはこれ以外に1人用A寝台個室と1人用B寝台個室がある。長旅なので開放的なB寝台の利用価値は高い。

➡「富士」には、定員26名のロビーカーが連結されている。ソファで寛《くつろ》ぎ、夕景の車窓風景を見ながら食事をしたり、ビールを飲んだりするのにも好適な空間だ。

西日が射し込む東京駅。寝台特急「富士」が、その眩《まぶ》しい西日に向かって出発する。

飛行機を使えば、東京から約2時間で到着する九州・別府。その8倍の時間をかけて行くのである。しかし、目的地までの時間が長ければ長いほど、旅への期待感は募るものだ。

鶴見岳から山かげの湖巡りへ

駅周辺に温泉の公衆浴場が点在する別府は、源泉数、泉質の多さは世界有数。都市別の湧出量《ゆうしゅつ》は全国一。名にし負う湯の町である。この町を見下ろすように高嶺《たかね》がふたつ聳《そび》えている。手前が標高１３７５ｍの鶴見《つるみ》岳《だけ》、奥の山が１５８４ｍの由布岳《ゆふだけ》。この由布・鶴見山群が、別府や由布院のあふれるいで湯の母体である。

鶴見岳山上まではロープウェイで一気に上がれる。約10分間の空中散歩だ。東方は市街地から別府湾を眼下におさめ、西から南へ目をやれば九重《くじゅう》の山並みがかすんで見える。そ

⬆鶴見岳山上へのロープウェイ。最急勾配が33度。ぐんぐんと高度を増し、わずか10分ほどで標高1300ｍまで上がってしまう。

⬆ロープウェイから別府湾と、町のそこかしこに湯煙があがる別府の町を見下ろす。

⬆別府から日豊《にっぽう》本線で15分の暘谷《ようこく》駅周辺（日出《ひじ》町）では、蔵の白壁に描かれた漆喰《しっくい》の彫刻、鏝絵《こてえ》を見かける。

して足元には、山かげにひっそりと水をたたえる志高湖《しだかこ》。

鶴見岳山上には何本もの遊歩道が造られ、七福神めぐりのコースもある。山頂直下の見晴らし台周辺は、5月下旬から6月中旬にかけて約5000本のミヤマキリシマが花盛りを迎えている。

ミヤマキリシマは、九州の火山高地にしか生えないツツジの仲間。紅紫色に染まる群落美は、息をのむほどだ。しかも、指呼《しこ》の間に由布岳がどんとひかえている。絶景である。

⬅東京駅から別府駅まで、所要時間16時間37分。朝、カーテンを開けると窓外に墨絵のような瀬戸内の島々が見える。写真は日豊本線の立石《たていし》〜中山香《なかやまが》間を走る富士。

⬆日出町は城下《しろした》カレイでも有名。暘谷《ようこく》城下の真水が湧出する所に棲息するカレイは、泥臭くないのが特徴。三の丸跡に立つ『的山荘《てきざんそう》』は城下カレイの名店。コースは1万円〜、11時30分〜21時、不定休、要予約。☎0977・72・2321

➡志高湖から遊歩道で、徒歩約20分の神楽女《かぐらめ》湖《こ》。6月中旬から約70種、15万株の肥後系、伊勢系、江戸系の花菖蒲《はなしょうぶ》が次々と咲き始める。

⬆別府駅から車10分の別府海浜砂湯。43度前後の砂の中に寝そべり砂をかけてもらうと快適。

⬅ＪＲ別府駅（バス約32分）→別府ロープウェイバス停（ロープウェイ約10分）→鶴見岳山上（徒歩約30分の後、ロープウェイで下山）→別府ロープウェイバス停（バス約５分）→鳥居バス停（徒歩約20分）→志高湖（徒歩約20分）→神楽女湖。

●観光と問い合わせ／別府市観光課☎0977・21・1111、日《ひ》出《じ》町観光協会☎0977・72・4255

⬆駅から徒歩約10分の公衆浴場『竹瓦温泉《たけがわら》』には、砂湯もある。100円(砂湯780円)、6時30分～22時30分、砂湯は8時～21時30分、砂湯のみ年3回休みあり。☎0977・23・1585

⬆『竹瓦温泉』は数多い公衆浴場の中の代表格。浴室は昔ながらの半地下で、ひなびたいで湯情緒が漂う。寝台列車の疲れも癒される。

バスと徒歩で志高湖へ向かう。湖畔は芝生がきれいに整備され、周囲は桜の木がほどよい木陰をつくっている。ボートを漕《こ》ぐ家族連れもいる。志高湖の南約1kmの位置に、周囲わずか1kmの神楽女湖《かぐらめこ》がある。6月中旬から7月中旬、この小さな湖は花《はな》菖蒲《しょうぶ》の花々で埋まり、優美な花景色を披露してくれる。

ひと晩、ごとごと揺られながら、目が覚めると遠い町に着いている。時間をかけて来たからこそ、そこでの旅の景観は、より深く心に刻まれるはずだ。旅行の手段に寝台列車を加えてみれば、きっと新しい発見があるに違いない。

●「富士」運行データ

運行本数	1日1往復	
運行区間	東京～大分	
運行距離	1240.6km	
所要時間	(下り) 16時間51分	
	(上り) 17時間09分	
乗車料金	運　賃	1万4280円
	特急料金	3150円
	寝台料金	6300円・1万3350円

●別府ロープウェイ☎0977・22・2277　9時～17時、往復1400円
●亀の井バス☎0977・23・0141　関汽《かんき》タクシー☎0977・21・1211

なは

●新大阪～西鹿児島

日本最南行き寝台列車の
ベッドから眺める南国の海

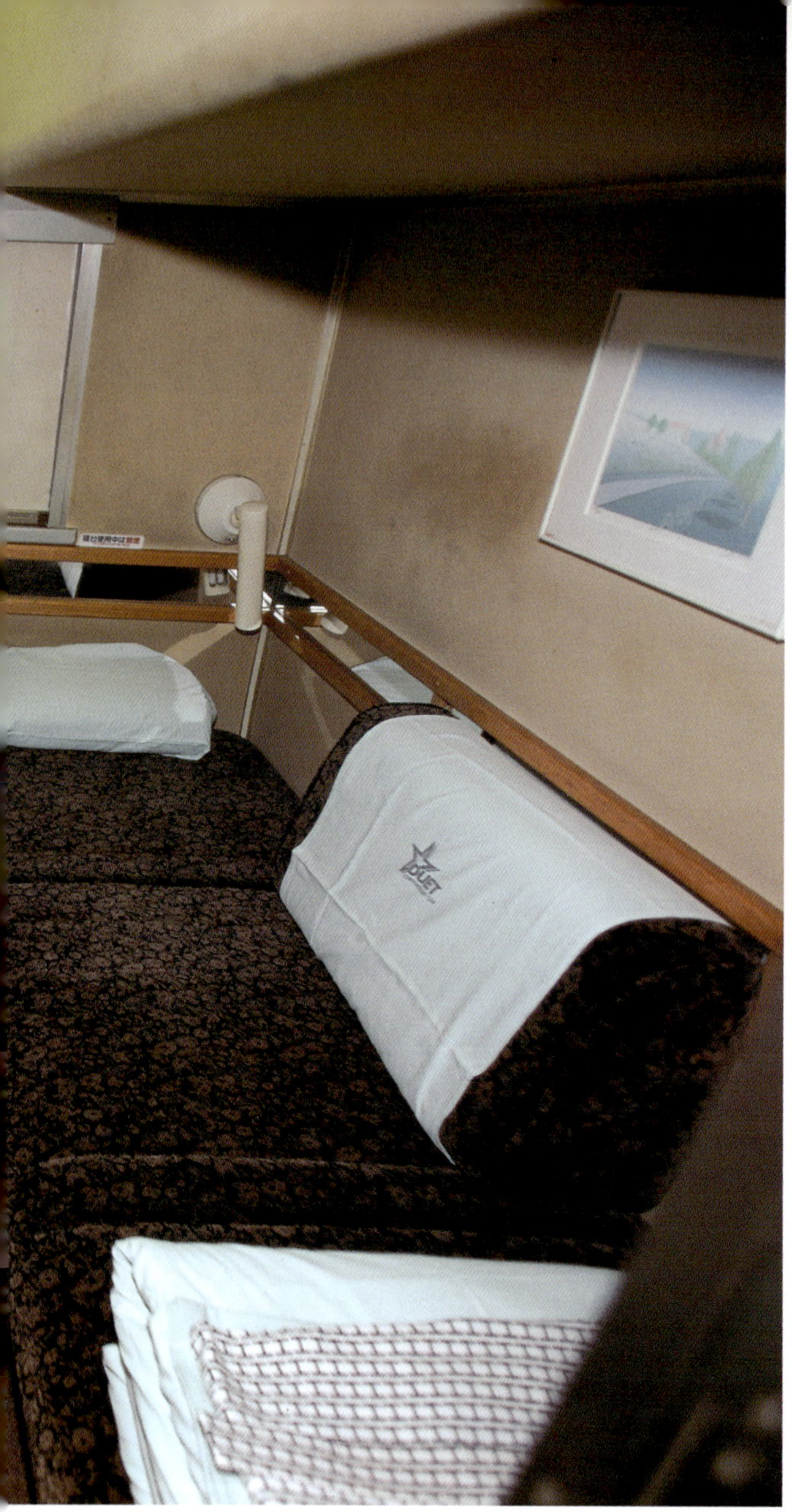

⬆広々とした２人用のＢ個室デュエット。寝台料金は、１人6300円。「なは」車内にレストランや売店はないが、下りの熊本〜西鹿児島間で、車内販売がある。

旅心膨らむ「帰省列車」

山陽本線・下関から関門トンネルを抜けて九州に入り、鹿児島本線・博多経由のルートは、寝台特急全盛時代を支えた歴史ある路線である。その中で、大阪を玄関口にした、大阪〜西鹿児島間のルートを今に受け継ぐのが寝台特急「なは」である。「なは」は、昭和43年に昼間の気動車特急としてデビュー。昭和59年には濃紺の客車を用いたブルートレインとなり、現在、日本最南行きの寝台列車として活躍している。

この列車は一般的には「帰省列車」として利用されることが多い。とはいえ、車窓に見える景色は絶景で、とくに、南国のマリンブルーの海が目に飛び込んでくると、郷愁というよりむしろ、旅心に胸が高鳴る。

右手に有明海、海の向こうに雲仙岳、熊本を過ぎると、列車は八代《やつしろ》海の波打ち際を線でなぞるように走る。透き通った海が車両に触れそうなほど迫ってくる。その海を飾るのは大小入り交じった多くの島々。石積みの堤防に囲まれた古い漁港……。

「この風景に触れたくて、いつもこの列車を使っているんです。ベッドに横になりながら、ぼーっと海の景色を眺められる寝台特急は、のんびりとした南国の旅に最も相応《ふさわ》しい移動手段だと思いますね」

と、乗客のひとりが語った。

飛行機や新幹線では、決して味わえない〝旅情〟が、ここにはあった。

⬆「なは」には、郷土土産を沢山抱えた、帰省客が多く乗車している。時間をかけて列車に揺られながら故郷を想うのも、また楽しい。

➡九州内を走行中、所々で線路が単線になる。駅でない場所で、ほかの列車の通過待ちをするのも、のんびりした光景だ。

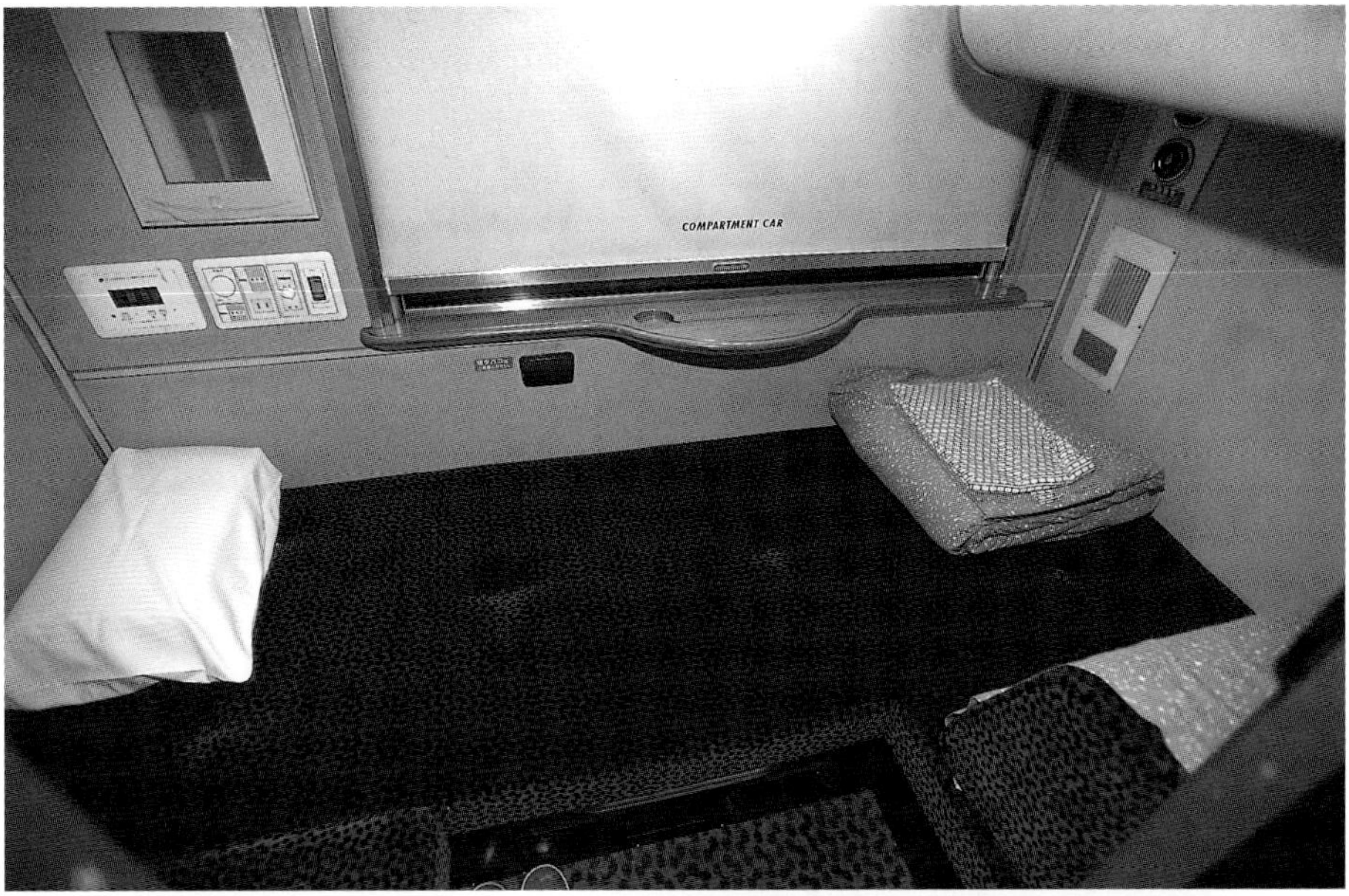

⬆1人用のB個室ソロ。寝台料金は、1人6300円。ほか、指定座席レガーシート（指定料金510円。季節により変動あり）もある。

➡新大阪行きの「なは」は、深夜、下関駅で機関車交換のため停車。静寂な駅構内に響き渡るエンジン音にも、旅情を感じる。

⬆食堂車や売店のない「なは」では、博多駅から朝食、夕食用に各種弁当を車内販売する。写真は博多名物「いわしずし」。800円。

⬅昭和後期から変わらぬ車両で、九州の八代海沿いを走り抜ける「なは」は、西鹿児島へ直通する唯一の寝台特急。

ED 76 87
危険

⬆「なは」の終着駅、西鹿児島駅を降りると、桜島の勇姿に圧倒される。寝台特急に揺られて南国に出向く旅も、味わい深いものだ。

⬆「なは」は、5号車に1人用「B個室」、6号車に指定座席車両「レガートシート」、7号車に2人用「B個室」など多種多様な客車を連結している。

⬆JR西日本の車掌さんは、乗客とつねに優しく接しながら仕事をこなす。「お客さんとの触れ合いが仕事で一番の楽しみ」とか。

●「なは」運行データ

運行本数	1日1往復
運行区間	新大阪〜西鹿児島
運行距離	939.4km
所要時間	(下り) 14時間01分
	(上り) 14時間32分
乗車料金	運　賃　1万2080円
	特急料金　3150円
	寝台料金　6300円

寝台列車で目的地まで。早朝の清々《すがすが》しい空気を吸って、いざ出発

寝台列車の歴史と種類

明治5年（1872）、新橋―横浜間に日本で初めての汽笛一声があがった。それから20年も経たないうちに東海道線全通、上野―青森間全通と、線路は全国に延び、本格的な鉄道時代の幕開けとなった。明治30年代からは、旅客サービスの拡充を図るようにもなる。

まず誕生したのが、明治32年（1899）の山陽鉄道（現・JR山陽本線）による食堂車。さらに、翌年の同社による寝台車であった。通路が車両中央を通る〝開放式〟で、寝台は上下段の2段構造。半年後には国鉄も寝台車を登場させた。こちらは車両の片側を通路にした〝区分寝室式〟（コンパートメント式）で、上下段ベッド、一室の定員4人のタイプだった。この開放寝室式と区分寝室式は、基本的には現在にも引き継がれる。

東京と九州各地を結ぶ寝台特急には「あさかぜ」「はやぶさ」「富士」「さくら」があり、「あかつき」「彗星」「なは」は関西と九州を結んでいる。

東京と山陰を結ぶのは「出雲《いずも》」「サンライズ出雲」、東京と四国を結ぶのは「サンライズ瀬戸」。上野―金沢間の「北陸」、上野―青森間には「あけぼの」と「はくつる」があり、前者は羽越《うえつ》・奥羽本線経由、後者は東北本線経由。大阪と青森を結ぶ「日本海」もある。

寝台列車は新幹線の延伸や航空便の発展などにより、利用客が減少した。しかし、上野―札幌間の「北斗星」がフルコース・ディナーを食べられる列車として登場したこと。さらに、1999年全室A個室の豪華特急「カシオペア」の上野―札幌間登場により、寝台列車の復活が裏付けられたといえるだろう。

➡日本で初めての寝台車。さすが一等だけあって内装は豪華だった。山陽鉄道が兵庫工場で自ら完成させた車両。好評に気をよくした同社では明治36年に二等寝台車も投入した。

⬆一般的な２段式Ｂ寝台客車。寝台料金は6300円で、Ｂ寝台１人用個室の料金と同じ。個室より、この開放タイプの方が乗り心地がいいという人もいる。揺れは下段の方が少ないが、上段は通路上部の荷物棚を使える。

⬇「あけぼの」のＡ寝台１人用個室に付いている洗面セット。歯ブラシ２組、レザー、石鹸、クシ、アフターシェーブローションなどが入っており、料金に含まれている。

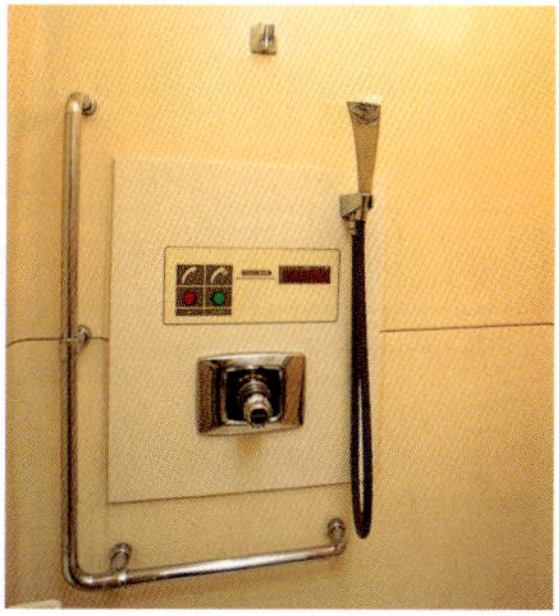

⬆シャワー設備のある寝台列車は多く、Ａ寝台個室の乗客は無料。それ以外はシャワーカード（310円）を求める。写真は「あさかぜ」。

写真協力／交通博物館

寝台列車の編成と予約方法

　列車によって少しずつ違いがあるが、豪華列車を除くと、基本的にはA寝台とB寝台で構成されている。

　A寝台は、「シングルデラックス」と呼ばれる1人用個室で、ベッドを兼ねたソファと、テーブルを兼ねた洗面台が設置されている。時刻表などでは「A1」と表示される。

　B寝台には、1人用個室と2人用個室の2タイプがあり、前者にはグレードの高いほうから「シングルツイン」「ソロ」の2種類がある。「サンライズエクスプレス」のみ、この中間の「シングル」という部屋がある。いずれも「B1」と表示される。

　2人用個室には「ツイン」と「デュエット」があり、ほかに「サンライズエクスプレス」には「サンライズツイン」が組み込まれている。2人用個室は1室単位で料金が決められている。表示は「B2」。ほかに、4人用の「Bコンパートメント」という簡易タイプもある。表示は「B」。

　豪華列車のうち「カシオペア」は全室がA寝台だが、「北斗星」と「トワイライトエクスプレス」にはB寝台も組み込まれている。

予約は1か月前から

　寝台車の予約は簡単。JRのみどりの窓口か旅行会社で乗車を希望する月日、列車名、乗車する区間、希望する部屋（上段か下段かも）を告げるだけでいい。特急寝台の場合は、運賃（乗車券）、寝台料金のほかに特急料金が必要。寝台料金と特急料金は別建てだから要注意。

　寝台車の指定券は、1か月前の午前10時から発売される。

　しかし、人気の高い列車はかりに

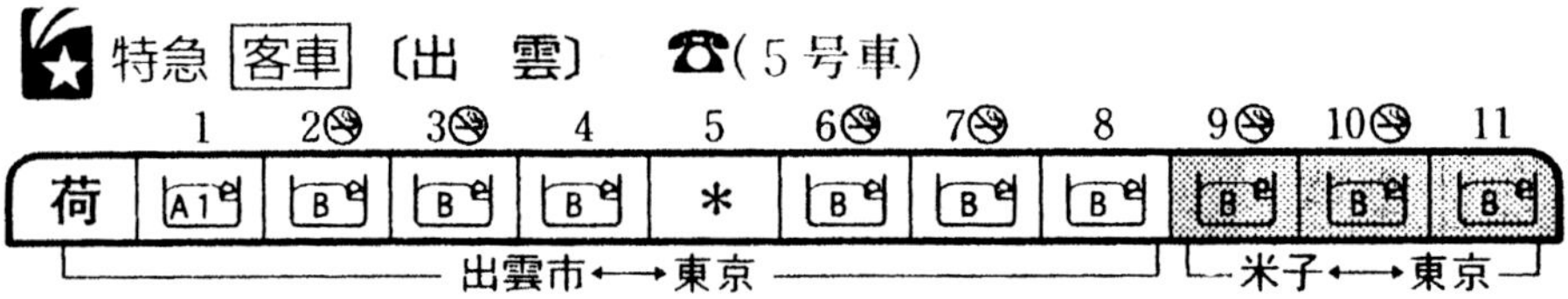

⬆「JR時刻表」に掲載されている編成表の一例。左上の星のマークが寝台特急であることを示す。荷物車に続き「シングルデラックス」のA寝台、B寝台と続く。Bは喫煙車と禁煙車がある。5号車は食堂車だが営業しておらず、談話室として開放されている。9～11号車は連結しない日がある。

発売開始時に申し込んだとしても、発売と同時に全国のJRの駅や旅行会社の窓口からいっせいにコンピュータの端末を通して申し込みが殺到するから正に運頼みで、指定券を入手するのは至難の業だ。寝台列車で最も人気が高いのは「カシオペア」で、「北斗星」と「トワイライトエクスプレス」がこれに次ぐ。

⬆上下２段式になったＢコンパートメント・タイプのＢ寝台。上段には窓近くの梯子《はしご》で上がる。

⬅シングルデラックス・タイプのＡ寝台。窓と直角にソファ兼ベッドがあり、窓近くのテーブルを上げると洗面台が現れる。

パッケージ・ツアーに申し込む

人気列車の指定券が入手しにくいのは、そのうちのかなりがＪＲ東日本や西日本、それに大手旅行会社が催行するパッケージ・ツアーに割り当てられているからだ。

だから、次善の策としてはこのパッケージ・ツアーに申し込むということをおすすめしたい。

もっとも、このパッケージ・ツアーも列車どころか、ホテルや食事などもセットになったうえで割安とあって人気が高いから、予約は早めにしたほうがよい。通常、ツアーの新商品はパンフレット等を通して3か月ほど前に発表されるから、この時点でとりあえず押さえておくのがよいだろう。かりに旅行が不可能になっても、3週間前までなら手数料無料でキャンセルすることができる。

●割引特典を使う

名称	条件	特典
フルムーン夫婦グリーンパス	夫婦で利用できる。夫婦の合計年齢が88歳以上。	利用期間が決められているが、JR６社の路線とグリーン車、Ｂ寝台(デュエットとＢコンパートを含む)が乗り放題。５日間通用が8万500円、７日間が9万9900円、12日間が12万4400円。どちらかが70歳以上だと5000円安。
ジパング倶楽部	男性65歳以上、女性60歳以上。年会費3670円。	JRの路線を201km以上利用する場合に運賃と一部指定料金が３回までは２割引、４回以上は３割引になる。年間20回まで利用可能。会員には会報「ジパング倶楽部」が送られてくる。夫婦のどちらかが65歳以上でも有資格。

➡「ジパング倶楽部」の会員証と会報。

●「ジパング倶楽部」事務局

JR北海道	☎011・231・9733	JR西日本	☎06・6343・4436
JR東日本	☎03・5806・3155	JR四国	☎087・823・6069
JR東海	☎052・581・0746	JR九州	☎092・474・1643

●「ジパング倶楽部」事務局の営業は平日の10時〜17時まで。土・日は休業。

⬆「日本海」は湖西線から北陸本線、信越本線、羽越本線、奥羽本線とたどって青森・函館へと至るロングラン特急。一部は青函海底トンネルを通って函館まで足を延ばす。

全国寝台特急一覧

列車の高速化が進んで、距離のある区間でも比較的短時間で行けるようになったことから、長時間かけて運行される寝台列車はどちらかというと敬遠される傾向にある。

しかし、眠っている間に目的地に着けるので、翌日を有効に活用できることと相俟《あいま》って、郷愁にもつながる独特の旅情がある。こんな理由からまだまだ根強い人気も保っている。「北斗星」や、目下、日本最長区間を走る列車「トワイライトエクスプレス」のような豪華列車は、「カシオペア」が仲間入りするに及んでその人気はさらに不動のものになった。

昔ながらの夜汽車の雰囲気を味わうか、それとも豪華なムードを楽しむか、寝台列車にはふたつの選択肢がある。さて、あなたならどちらを選びますか。

⬅「富士」とともに日豊《にっぽう》本線を往来する特急「彗星」。「富士」が東京発着であるのに対してこちらは京都が発着駅。

●取り上げた列車以外の寝台特急

列車名	運行区間	運行情報
あかつき	京都〜長崎	下りは京都〜長崎間を12時間34分で走破する。近畿圏と九州を結ぶ寝台特急のひとつだが、中国地方の主要駅にも停車する。なお、この列車は南宮崎行き特急「彗星」との併結運転になった。門司で分岐する。
彗星	京都〜南宮崎	京都〜南宮崎間を14時間22分で結ぶ。全車B寝台で、A寝台は連結されていない。九州に入るとこまめに停車するようになり、別府〜南宮崎間は立席特急券で乗れるようになる。
日本海	大阪〜青森・函館	2往復あり、このうちの1・4号の一部が函館、残りと3・2号が青森発着になる。湖西線から北陸本線に入り、日本海に沿って北上する。需要に応じて編成を短くしたり、1・4号の全車が函館発着になったりする。
はやぶさ	東京〜熊本	かつては西鹿児島まで足を延ばすブルートレインとして親しまれたが、利用客が減少したため熊本発着になった。この間を結んでいた「みずほ」も消滅して孤高の存在になった。中間にロビーカーを連結している。

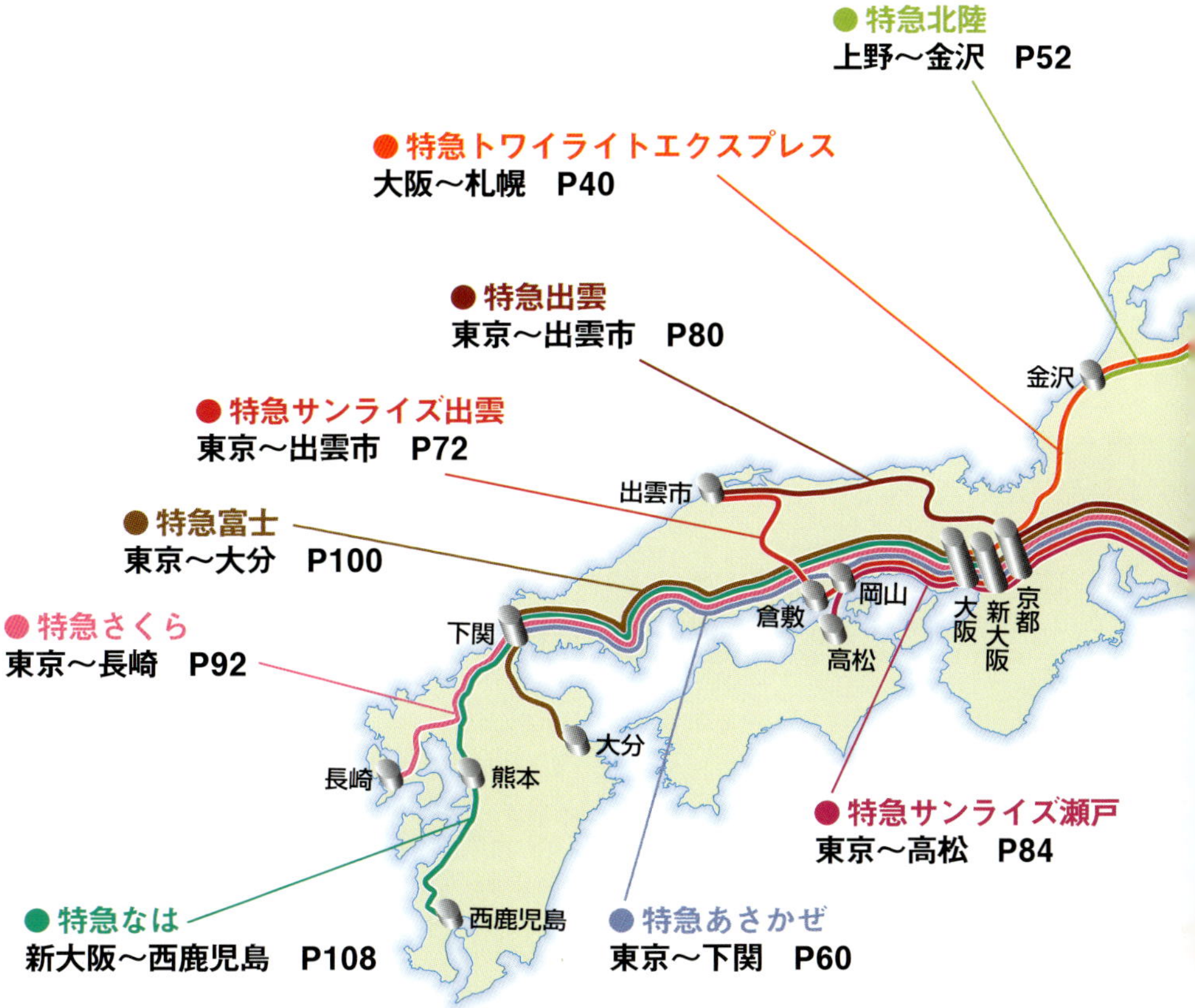

●掲載した運行情報（本数、時間、料金等）は、すべて平成14年1月現在のものです。寝台列車をご利用の際は、必ず最新の時刻表などでお確かめください。また、運行距離は平成14年ＪＲ時刻表1月のＪＲ営業キロです。

寝台列車の旅の健康アドバイス 大森薫雄（医学博士）

寝台列車の旅は冷えが禁物。降りたら朝食とストレッチを

「寝台列車の中では、絶対に身体を冷やさないことです。冷えると血流が悪くなり、全身の、特に下肢の筋肉が硬直してしまいます。それでなくても狭い客室ですから、身動きもあまりできないわけですし」

『中高年のための登山医学』（東京書籍）の著者でもあるスポーツ・ドクターの大森薫雄さんは、寝台列車の旅のアドバイスとして、まず第一に冷えが禁物という。**寝る時はズボン下を一枚はくとか、多少汗ばんでもいいので下肢を温めること**だと強調する。

　第二のアドバイスは、**列車を降りたら、即行動を起こさずに、まずは朝食をとること**。ご飯でもパンでも、糖分のもとになる澱粉質《でんぷん》と水分をとることが必要。

　そして第三に**充分なストレッチ**を挙げる。膝の屈伸、アキレス腱を伸ばしたり緩めたり、腰を回し、前後屈も。さらに手を上げて背伸びをしよう。この運動で全身の血流がよくなり、筋肉が温まるという。

　目的地にすぐに向かおうと焦らずに、ゆとりをもって出発することが大切なのである。

　第四には、**動き始めたらこまめに水分をとること**。ザックの中には水筒か1～2本のペットボトルは入れておきたいものだ。

⬇民話の里・遠野《とおの》では、田圃《たんぼ》の中の小道を、のんびりと歩きたい。この地方独特の〝曲《まが》り家《や》〟も見ることができる。（32ページ参照）

⬆おおもり・しげお 68歳。日本登山医学研究会幹事。日本山岳会副会長。現在は神奈川県の横須賀老人ホームで診療所長を務める。（撮影／北原裕司）

第五のアドバイスは、「降雨に備えて**雨具はもちろん必携ですが、濡れたらすぐに着替えましょう**。脱ぎやすく、着やすい衣服を重ね着しておくことがコツです」。

第六のアドバイスは、「ムキになってはいけません。マイペース、マイペース。上りは多少頑張ってもいいですが、問題は下りです。**下りで膝を痛めるケースが多いですから、特にゆっくりと**。リフトやケーブルの設備がある場合、足や膝のためには自らの足で登り、下りにケーブルなどの乗り物を使ったほうがいいですね。乗り物を待つ間もストレッチをしていましょう」。

寝台列車の旅をより楽しむには、常日頃の心がけが大きく影響するようだ。「週2回以上、1時間ぐらいの速歩きは日常化したいですね」と助言する。

➡〝津軽富士〟の愛称で、地元の人々に親しまれている岩木山《いわきさん》。その麓《ふもと》を行く「あけぼの」。日本海側の山河が車窓の友となる。（24ページ参照）

⬅寝台車には寝巻きが用意されているが、寝ているうちに裾がめくれて足が冷えやすい。男性ならばズボン下を一枚はこう。

京都の祭り暦

森谷尅久 編／写真 中田 昭

古都の四季を演出する約250の祭りと行事の中から120にスポットをあて、内容や日程、祭礼が行なわれる場所、さらには見どころまで詳しくご紹介。それぞれの歴史や起源もわかる、新しい京都の旅へご案内します。

定価：本体1，800円＋税

源氏物語を行く

文 秋山 虔／写真 中田 昭

「源氏物語」ゆかりの地を訪ね、物語に登場する建築物から現在も継承される行事や芸能などまで、ストーリーの展開にそって含蓄深い文章と新鮮な写真で辿る実用的探訪ガイドです。

定価：本体1，600円＋税

大人の修学旅行

馬渕公介 著

北は知床、網走から南は九州桜島まで全国15か所。学生時代に訪れた名所旧跡を大人の眼で今一度《ひとたび》訪れる、えもいわれぬ旅の書ができました。

定価：本体1，460円＋税

ローカル線の小さな旅

西田成夫・『サライ』編集部 編／写真 広田尚敬

全国17路線のローカル線を各駅停車で旅して、歴史と旅情の町歩きを楽しみます。沿線の町案内と18か所の宿泊ガイドもついた旅の通のためのガイドブックです。

定価：本体1，500円＋税

日本列島現役水車の旅

写真／構成 河野裕昭

揚水や精米など、この日本でいまなお活躍している水車たちを紹介。懐かしい田園風景の中、76か所の働く現役水車たちを心地よい写真で巡るガイドブックです。

定価：本体1，500円＋税

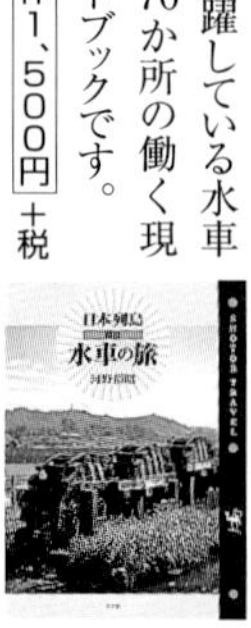

SHOTOR TRAVEL

時間をかける贅沢旅行
寝台列車の旅

※本書は『サライ』1999年21号、2001年11号で特集したものを再編集し、追加撮影&取材したものです。

取材／入江織美・片山虎之介・原口隆行・松浦裕子（アイウエオ順）
写真／片山虎之介・栗原隆司・茶山　浩・真島満秀・三浦幹男・レイルマンフォトオフィス
協力／坂　正博（J・R・R）
カバーデザイン／稲野　清
本文デザイン／杉山伸一・生越淳一・見留　裕
坂下寿幸・冨澤　崇

時間をかける贅沢旅行
寝台列車の旅

発行／2002年3月10日　初版第1刷発行
2002年4月10日　初版第2刷発行
発行者／東　直子
発行所／株式会社　小学館
〒101-8001
東京都千代田区一ツ橋2―3―1
販売／03（3230）5739
編集／03（3230）5536
制作／03（3230）5333
印刷／共同印刷株式会社

ISBN4-09-343174-4　©Shogakukan　2002 Printed in Japan